Der Weg der Jakobspilger

KLAUS HERBERS · GEORG JUNG

Der Weg der Jakobspilger

Weltbild

Hinweise und Literatur:
Die Buchreihe: Jakobus-Studien (bisher 17 Bände) Tübingen 1988-2006 bietet insgesamt zu zahlreichen Aspekten grundlegende Informationen. Weitere Literaturzusammenstellungen/Bibliographien finden sich in: Herbers, Jakobsweg und Ders., Wol auf sant Jacobs straßen.

Angenendt, Arnold: Heilige und Reliquien. Die Geschichte ihres Kultes vom frühen Christentum bis zur Gegenwart. München 1994.
Bottineau, Yves: Der Weg der Jakobspilger. Geschichte, Kunst und Kultur der Wallfahrt nach Santiago de Compostela. Mit einer Einleitung und einem Kapitel zur Jakobsverehrung in Deutschland v. Klaus Herbers. Bergisch-Gladbach 1987, ND 1992.
Caucci von Saucken, Paolo G. (Hg.): Santiago de Compostela. Pilgerwege. Augsburg 1993.
Dannhäuser, Wolfgang: Auf dem spanischen Jakobsweg. Illustrierter Reisebericht eines Pilgers. Petersberg 2003.
Die Chronik von Karl dem Großen und Roland, s. Klein.
Fleischer, Gerhilde: Jakobusweg. 3 Bde. Ostfildern 1996-1999, 6. Aufl. 2004.
Herbers, Klaus u. Klein, Hans-Wilhelm (Hgg.): Libellus Sancti Jacobi. Auszüge aus dem Jakobusbuch des 12. Jahrhunderts. (Jakobus-Studien 8) Tübingen 1997.
Herbers, Klaus u. Plötz, Robert: Der Pilgerführer des Hermann Künig von Vach – Faksimile und neuhochdeutsche Übertragung. Ostfildern 2004.
Herbers, Klaus u. Plötz, Robert: Nach Santiago zogen sie. Berichte von Pilgerfahrern ans „Ende der Welt". München 1996.
Herbers, Klaus: Der Jakobsweg. Mit einem mittelalterlichen Pilgerführer unterwegs nach Santiago de Compostela. Tübingen 1986, 7. Aufl. 2001.
Herbers, Klaus: Jakobsweg. Geschichte und Kultur einer Pilgerfahrt. München 2006.
Herbers, Klaus: Politik und Heiligenverehrung auf der Iberischen Halbinsel. Die Entwicklung des »politischen Jakobus«. In: Politik und Heiligenverehrung im Hochmittelalter. Hg. v. Jürgen Petersohn. Sigmaringen 1994, S. 177-276.
Herbers, Klaus: Wol auf sant Jacobs straßen! Pilgerfahrten und Zeugnisse des Jakobuskultes in Süddeutschland. Ostfildern 2002.
Honemann, Volker: Sebastian Ilsung als Spanienreisender und Santiagopilger (mit Textedition). In: Deutsche Jakobspilger und ihre Berichte. Hg. v. Klaus Herbers. (Jakobus-Studien 1) Tübingen 1988, S. 61-95.
Historia Compostellana. Hg. von Emma Falque Rey. Corpus Christianorum. Cont. Med. 70. Turnhout 1988.
Jacobus von Voragine: Legenda aurea. Hg. v. Theodor Graesse. 1890; dt. Übertr. v. Richard Benz. Gütersloh 13., neugesetzte Aufl. 1999.
Klein, Hans Wilhelm (Hg.): Die Chronik von Karl dem Großen und Roland: der lateinische Pseudo-Turpin in den Handschriften aus Aachen und Andernach, München 1986.
Kniffki, Klaus-D. (Hg.): Jakobus in Franken. Unterwegs im Zeichen der Muschel. Würzburg 1992.
Kriss-Rettenbeck, Lenz u. Möhler, Gerda (Hgg.): Wallfahrt kennt keine Grenzen. (Aufsatzband, Ausstellung Bayerisches Nationalmuseum München 1984). München/ Zürich 2. Aufl. 1985; außerdem dazu der gleichnamige Katalogband München 1. Aufl. 1984.
Laffi, Domenico: Viaggio in Ponente a San Giacomo di Galitia e Finisterrae. Hg. von Ana Sulai Capponi. Perugia 1989.
Meyer, Andreas: Von Santiago de Compostela nach Toulouse. Ein Apostel verlegt sein Grab. In: Francia 26/1 (1999), S. 209-238.
Mieck, Ilja: Kontinuität im Wandel. Politische und soziale Aspekte der Santiago-Wallfahrt vom 18. Jahrhundert bis zur Gegenwart. In: Geschichte und Gesellschaft 3 (1977), S. 299-328.
Mieck, Ilja: Zur Wallfahrt nach Santiago de Compostela zwischen 1400 und 1650. Resonanz, Strukturwandel und Krise. In: Spanische Forschungen der Görresgesellschaft, Reihe 1, 29. Münster 1978, S. 483-533.
Paravicini, Werner: Von der Heidenfahrt zur Kavalierstour. Über Motive und Formen adligen Reisens im späten Mittelalter. In: Wissensliteratur im Mittelalter und in der Frühen Neuzeit. Bedingungen, Typen, Publikum, Sprache. (Wissensliteratur im Mittelalter 13) Wiesbaden 1993, S. 91–130.
Pilgerziele der Christenheit: Jerusalem, Rom, Santiago de Compostela. Hg. v. Paolo G. Caucci von Saucken. Aus dem Ital. übers. v. Raimund Hermes. Darmstadt 1999.
Plötz, Robert (Hg.): Europäische Wege der Santiago-Pilgerfahrt. (Jakobus-Studien 2) Tübingen 1990, 2. Aufl. 1993.
Plötz, Robert: "Res est nova et adhuc inaudita". Motivindex und literarisch-orale Evolution der Mirakelerzählung vom Pilger, der vom Galgen gerettet wurde. In: Rheinisch-westfälische Zeitschrift für Volkskunde 44 (1999) S. 9-37.
Plötz, Robert: Der Apostel Jacobus in Spanien bis zum 9. Jahrhundert. In: Spanische Forschungen der Görresgesellschaft, Reihe 1: Gesammelte Aufsätze zur Kulturgeschichte Spaniens 30. Münster 1982, S. 19-145.
Plötz, Robert: Deutsche Pilger nach Santiago de Compostela bis zur Neuzeit. In: Deutsche Jakobspilger und ihre Berichte. Hg. v. Klaus Herbers. (Jakobus-Studien 1) Tübingen 1988, S. 1-27.
Plötz, Robert: Jacobus Maior. Geistige Grundlagen und materielle Zeugnisse eines Kultes. In: Der Jakobuskult in Süddeutschland. Hg. v. Klaus Herbers u. Dieter R. Bauer. (Jakobus-Studien 7) Tübingen 1995, S. 171-232.
Röckelein, Hedwig u. Wendling, Gottfried: Wege und Spuren der Santiago-Pilger im Oberrheintal. In: Europäische Wege der Santiago-Pilgerfahrt. Hg. v. Robert Plötz. (Jakobus-Studien 2) Tübingen 1990, 2. Aufl. 1993, S. 83-117.
Rückert, Peter: Jakobusbruderschaft und Hospiz in der Stadt: Das Beispiel Durlach. In: Stadt und Pilger. Soziale Gemeinschaften und Heiligenkult auf der Iberischen Halbinsel. Hg. v. Klaus Herbers. (Jakobus-Studien 10) Tübingen 1999, S. 213-231.
Schimmelpfennig, Bernhard: Die Anfänge des Heiligen Jahres von Santiago de Compostela im Mittelalter. In: Journal of Medieval History 4 (1978), S. 285-303.
Schmugge, Ludwig: Die Anfänge des organisierten Pilgerverkehrs im Mittelalter. In: Quellen und Forschungen aus italienischen Archiven und Bibliotheken 64 (1984), S. 1-83.
Schmugge, Ludwig: Kollektive und individuelle Motivstrukturen im mittelalterlichen Pilgerwesen. In: Migration in der Feudalgesellschaft. Hg. v. Gerhard Jaritz u. Albert Müller. Frankfurt a. M. 1988, S. 263-290.
Wegener, Ulrich: Der Jakobsweg. Auf der Route der Sehnsucht nach Santiago de Compostela. Freiburg/Basel/Wien 2000.

Klaus Herbers
geb. 1951 in Wuppertal, beschäftigt sich seit über 20 Jahren mit den Pilgerfahrten nach Santiago de Compostela in ihren historischen und kulturellen Ausprägungen. Insbesondere hat er den mittelalterlichen Pilgerführer des 12. Jahrhunderts ins Deutsche übertragen.

Georg Jung
geb. 1945 im Sudetenland, lebt seit einigen Jahren als freier Reiseschriftsteller und Fotograf in Hamburg. Zahlreiche Veröffentlichungen von Reiseberichten und Bildbänden. Im Ellert & Richter Verlag sind von ihm bereits „Das große Rügen-Buch" sowie die Bildreisen „Auf Johann Sebastian Bachs Spuren", „Mecklenburg-Vorpommern", „Der Darß, Fischland und Zingst", „Elbsandsteingebirge" und das Buch „Rostock und Warnemünde" erschienen.

Genehmigte Lizenzausgabe für
Verlagsgruppe Weltbild GmbH,
Steinerne Furt, 86167 Augsburg

Text: Klaus Herbers, Erlangen
Fotos: alle Fotos Georg Jung, Hamburg, außer:
Archiv Klaus Herbers: S. 8, 15, 25, 57, 95, 96;
Bildarchiv Preußischer Kulturbesitz, Berlin: S. 14;
Santiago de Compostela, Kathedralarchiv: S. 29
Gestaltung: Büro Brückner + Partner, Bremen
Lithographie: Barsuhn + Petersen Werbeagentur, Hamburg
Umschlaggestaltung: Studio Höpfner-Thoma, München
Umschlagmotiv: Georg Jung, Hamburg
Gesamtherstellung:
Neografia, a.s. printing house, Martin
Printed in the EU

ISBN 978-3-8289-31909

2009 2008 2007
Die letzte Jahreszahl gibt die aktuelle Lizenzausgabe an.

Inhalt

In der ersten Hälfte des 9. Jahrhunderts soll ein Eremit im Nordwesten der Iberischen Halbinsel von himmlischen Zeichen geleitet ein Grab entdeckt haben, das man mit dem des hl. Jakobus des Älteren (Sant Iago) gleichsetzte. Begannen damit die großen Pilgerfahrten nach Compostela, die noch heute Abertausende faszinieren? Aber warum fand man das Grab in Spanien, was verband den Apostel Jakobus mit der Iberischen Halbinsel? War er nicht in Jerusalem enthauptet worden, wie es die Apostelgeschichte (12, 1-2) berichtet: „Um diese Zeit legte König Herodes Hand an einige Mitglieder der Kirche, um ihnen Böses anzutun. Jakobus, den Bruder des Johannes, ließ er mit dem Schwert hinrichten."

Die Neuigkeit aus Spanien, die sich schon bald wie ein Lauffeuer ausbreitete, lockte zwar zunächst noch keine Pilger an, schuf aber ein neues Bild des Apostels Jakobus Zebedäus. War dies der Anfang einer „spanischen Jakobuslegende", acht Jahrhunderte nach dem Tod des Apostels? Heiligenkulte entwickelten sich in dieser Zeit an vielen Orten der Christenheit, aber in Compostela wurde ein Apostelgrab entdekkt. Die Nachricht war ein Politikum ersten Ranges! War dies vielleicht eine Identifikationshilfe für das kleine christliche asturische Reich im Norden der Iberischen Halbinsel, oder geschah die Entdeckung eher zufällig zu Anfang des 9. Jahrhunderts?

711 hatten arabische und berberische Truppen von Nordafrika den Sprung über die Straße von Gibraltar gewagt und in der Folge fast die gesamte Pyrenäenhalbinsel ihrer muslimischen Herrschaft unterworfen. Späteren Berichten zufolge soll schon 722 eine erste entscheidende Abwehrschlacht gegen die Muslime im asturischen Bergland bei Covadonga stattgefunden haben. Seit dem 12. Jahrhundert glaubte man sogar, der heilige Jakobus habe als himmlischer Reiter bei der sagenumwobenen Schlacht in Clavijo 844 helfend eingegriffen. Aber im 8. und 9. Jahrhundert waren die Sehnsüchte nach himmlischem Beistand während der kriegerischen Auseinandersetzungen noch nicht konkret auf Jakobus gerichtet. Eher andere Gründe und Umstände, die jedoch keineswegs weniger politisch waren, führten zunächst zur Entdeckung des Jakobusgrabes.

Im lateinischen Westen kannte man in Rom die Gräber von Petrus und Paulus, aber weitere Apostel wurden im Okzident bis ins 9. Jahrhundert nicht verehrt. Als aber 711 der größte Teil des alten Westgotenreiches auf der Iberischen Halbinsel von den Muslimen unterworfen wurde und nur noch kleine christliche Herrschaften im Norden und Osten bestanden, griff im Norden

Die Felsenkapelle in Covadonga erinnert an die legendäre Schlacht von Covadonga (721/ 722), wo christliche Kämpfer erstmals den muslimischen Truppen entgegengetreten sein sollen. Das Felsenheiligtum gilt mithin als Ursprungsort für die sogenannte Rückeroberung (Reconquista) und bedeutet zugleich eine Art Gründungsmythos für das christliche Königreich Asturien im Norden der Iberischen Halbinsel. Noch heute ist dies ein nationaler Gedenkort.

ein Schreiber Notizen der ursprünglich griechischen Apostelkataloge auf, die den Aposteln verschiedene Missionsgebiete zuordneten: dem Apostel Jakobus dem Älteren die *Hispania*. Wenn dies zutraf, sollte dann nicht die letzte Ruhestätte auch dort sein, wo der Apostel gepredigt hatte? Konnte folglich das zu Beginn des 9. Jahrhunderts gefundene Grab mit demjenigen des hl. Jakobus gleichgesetzt werden? Jakobus, so hieß es in späteren Schriften, sei nach seiner Predigttätigkeit auf der Iberischen Halbinsel nach Jerusalem zurückgekehrt, dort 44 n. Chr. als erster Märtyrer der Apostel enthauptet worden, und dann, wie man nun wissen wollte, von seinen Anhängern in ein Boot gelegt worden und auf wunderbare Weise nach Nordwestspanien gelangt. Das dortige Grab sei bis zu seiner Entdeckung in Vergessenheit geraten.

Damit war die Struktur der spanischen Jakobustraditionen angelegt: Missionierung auf der Iberischen Halbinsel, Enthauptung, Überführung (Translation) in einem Boot, Beisetzung und spätere Grabentdeckung: Diese Elemente gehören seit dem 9. Jahrhundert zum Grundbestand der „Jakobslegende", die später noch mit weiteren Aspekten wie der Schlachtenhilfe oder dem Wirken bestimmter Wunder angereichert und auf zahlreichen Altartafeln oder Miniaturen abgebildet oder in Sammlungen von Heiligenlegenden und anderen Werken niedergeschrieben wurde.

Aber warum wurde das Grab erst im 9. Jahrhundert gefunden? Als Muslime 711 die Iberische Halbinsel größtenteils erobert hatten, lebten Christen nicht nur weiterhin im Norden, unbehelligt vom Islam, sondern übten auch unter muslimischer Herrschaft ihre Religion als sogenannte Mozaraber zunächst weitgehend ungestört aus. Sie wurden allerdings durch höhere Steuern belastet. Diese Mozaraber blieben für das spanische Christentum zunächst sehr wichtig, weniger die nach Norden geflohenen, noch die dort lebenden Christen. Vor allem zu den mozarabischen Christen hielt Rom im 8. Jahrhundert Kontakt. Jedoch wendete sich das Blatt, als nach einigen Auseinandersetzungen Personen aus den nördlichen Reichen theologische Positionen vertraten, die auch in Frankfurt bei einem Konzil 794 und in Rom Ende des 8. Jahrhunderts Zustimmung fanden. Dies stärkte vor allem die Stellung des christlichen Reiches Asturien im Norden, wo man sich seit dem beginnenden

Der Jakobusaltar (1520) in der Schloßkirche Winnenden thematisiert Szenen aus dem Leben und der „Legende" des heiligen Jakobus. Die abgebildete Tafel zeigt die Enthauptung des Apostels durch die Schergen des Herodes sowie den Liebesdienst der ihm treu gebliebenen Jünger, die seinen Leichnam in ein Boot legen, das auf wunderbare Weise bis an die Nordwestküste Spaniens getrieben sein soll.

9. Jahrhundert zunehmend als der eigentliche Erbe des spanischen Christentums verstand. In dieser Situation verdichteten sich die Gerüchte um eine apostolische Tradition im Norden der Iberischen Halbinsel. Erst jetzt war offensichtlich auch kirchenpolitisch der Weg frei, um mit dem neuen Apostelgrab der altehrwürdigen kirchlichen Metropole Toledo, die im muslimischen Herrschaftsbereich lag, ein Gegengewicht im Norden entgegenzusetzen. Die Entdeckung des Apostelgrabes in Compostela und der Zeitpunkt standen damit, bevor die ersten Pilger überhaupt gekommen waren, schon von Anfang an in großen politischen und kirchenpolitischen Zusammenhängen. Das Jakobusgrab symbolisierte zugleich, daß ein Jahrhundert nach der muslimischen Eroberung von 711 die kirchliche und theologische Orientierung der spanischen Christen nun an die christlichen Reiche des Nordens übergegangen war. Santiago de Compostela war mithin von Anfang an kein lokales Zentrum.

Der sogenannte Tumbo A wurde im 12. und 13. Jahrhundert in Santiago de Compostela zusammengestellt und wird heute im dortigen Kathedralarchiv aufbewahrt. Die Handschrift enthält die wichtigsten Urkunden der Kathedrale und ist mit Miniaturen geschmückt. Neben der Abbildung zahlreicher Herrscher gehört hierzu auch die Entdeckung des Jakobsgrabes durch den Bischof Theodemir zu Beginn des 9. Jahrhunderts.

Die ersten überlieferten Notizen zum Apostelgrab waren noch ausgesprochen knapp und dürftig, sie bestanden oft nur aus wenigen Sätzen. Trotz solcher dürren Nachrichten dürfte das Apostelgrab wie andere Ruheorte von Heiligen schon bald von Pilgern aus der Umgebung besucht worden sein. Im 10. Jahrhundert sind erste Pilger, die sogar von nördlich der Pyrenäen kamen, belegt, und seit dem 11. Jahrhundert erreichte die Pilgerfahrt europäische Dimensionen, die verschiedener Voraussetzungen bedurfte: Die Traditionen am Ort mußten gefestigt, die Kunde von der Wirkmacht des Heiligen mußte verbreitet werden. Dazu traten allgemein gewandelte Rahmenbedingungen ideeller und materieller Art, die später noch kurz gewürdigt werden müssen. Die neuen spanischen Jakobustraditionen entfalteten zunächst vor allem in Krisensituationen ihre volle Wirksamkeit, wurden kontinuierlich erweitert und ausgeschmückt. Nur undeutlich ist zu erkennen, in welchem Maße Jakobus schon unter den asturischen Königen als besonderer Patron der Herrscher angesehen wurde. Sicher ist allerdings der Bau einer Kirche und vor allem eines bedeutenderen zweiten Kirchenbaus unter Förderung von

Die Jakobusfigur in San Martín in Frómista befindet sich in einer der interessantesten Kirchen am Pilgerweg. Neben einer romanischen Statue von St. Martin steht hier diese Skulptur des Apostels Jakobus aus einer deutlich späteren Zeit (15. Jahrhundert). Die angehängte Muschel am Stab gehört allerdings nicht zur ursprünglichen Ausstattung; ein Pilger muß sie ihr umgehängt haben.

König Alfons III., der wohl 899 geweiht wurde. Der Ort hieß bald nach dem Apostel Santiago oder Santiago de Compostela und trat gegenüber dem alten Bischofssitz Iria Flavia an der Atlantikküste in den Vordergrund. Folgerichtig wurde der Bischofssitz später von dort nach Compostela übertragen. Um Iria Flavia oder das angrenzende El Padrón rankten sich aber schon bald zahlreiche Legenden, denn hier sollte das Schifflein mit dem Heiligen angekommen sein. Später glaubten einige sogar, beim Transport des Apostelleichnams an das Ufer sei dieser ins Meer gefallen und mit Muscheln überdeckt wieder aufgetaucht, eine von zahlreichen Geschichten zur Erklärung der Jakobsmuschel, des Emblems der Jakobspilger. Von Wundern begleitet war nach ebenfalls späteren Berichten auch der Weg des Leichnams vom Ufer bis zur endgültigen Grabesstätte. Die heidnische Königin Lupa suchte die Beisetzung des Leichnams zu verhindern, indem sie den treuen Jüngern scheinheilig wilde Stiere empfahl, um den Apostelleichnam zu transportieren. Als man diese vor den Wagen mit den Reliquien spannte, wurden sie jedoch mit dem Zeichen des Kreuzes gezähmt. Das Grab wurde zum Zentrum des schon bald anwachsenden Ortes Compostela (von „compostum", Begräbnisstätte, nicht von „campus stellae", Sternenfeld, abzuleiten), der nun früher als andere Siedlungen den Charakter einer mittelalterlichen Stadt mit Hospizen, Gesetzen und anderen städtischen Merkmalen erkennen läßt.

Die Erhebung und Befestigung von Clavijo erinnert an einen der legendären Siege der christlichen über die muslimischen Truppen, bei dem der heilige Jakobus als Helfer eingegriffen haben soll. Nach einer späteren Tradition sei Jakobus dem König Ramiro I. im Traum erschienen und habe ihm seine Schlachtenhilfe zugesagt. Die Erzählung ist in dieser Form erstmals im 12. Jahrhundert belegt und bezog sich möglicherweise auf frühere Überlieferungen. Es erstaunt nicht, daß sie gerade zu der Zeit schriftlich niedergelegt wurde, als die Traditionen um den Apostel Jakobus einerseits in Compostela neu definiert wurden, andererseits aber auch die Rückeroberung (Reconquista) in eine entscheidende Phase getreten war. Der Ort Clavijo lag an strategisch wichtiger Stelle. Hier konnte der Durchmarsch von Süden nach Norden oder in umgekehrter Richtung abgeriegelt werden.

Der Pórtico de la Gloria an der Westfassade der Kathedrale von Santiago de Compostela gehört mit zu den berühmtesten Erzeugnissen romanischer Skulptur. Er wurde 1188 von Meister Mateo fertiggestellt und ist wegen der späteren vorgesetzten barocken Fassade ausgesprochen gut erhalten. Der am Mittelpfeiler thronende Jakobus hält in seiner Hand einen Stab in der Form des griechischen Buchstaben Tau und in der anderen Hand eine Buchrolle. So wurde er vom Meister wahrscheinlich weniger als Patron der Pilger konzipiert, die die Kathedrale ja auch nicht im Westen, sondern im Norden betraten, vielmehr erscheint Jakobus hier als Verkündiger und Prediger des Wortes Gottes und Mittler zu Jesus. Die Figuren auf dem Gewände links stellen die Propheten Moses, Jesaia, Daniel und Jeremia (von innen nach außen) dar.

Wurden aber die Traditionen um ein Jakobusgrab mit allen Konsequenzen überall akzeptiert? Wie gingen andere Kirchen und Personen mit den Vorrechten um, die Santiago de Compostela aus dem Besitz eines Apostelgrabes herleitete? Im 11. Jahrhundert strebten die Päpste zunehmend danach, den Vorrang Roms zu stärken, und verwiesen verschiedene Versuche Compostelas, mit Apostelreliquien eine besondere Stellung zu begründen, in ihre Schranken. So kritisierte Papst Leo IX. 1049 auf einem Konzil in Reims, daß der Bischof von Compostela sich widerrechtlich „apostolischer" Titel bediene. Diese Kritik führte Papst Gregor VII. noch weiter. In einem Brief von 1074 an König Alfons VI. bemerkte er, die Schüler des hl. Petrus und Paulus hätten die Iberische Halbinsel zum christlichen Glauben geführt – von Jakobus kein Sterbenswörtchen! Diese Position ordnet sich in die allgemeinen Bestrebungen Roms ein, die Missionierungen in der frühchristlichen Zeit den Schülern des Petrus und Paulus zuzuschreiben und damit den Rombezug der jeweiligen Kirchen zu verstärken. Konnte Compostela dies hinnehmen? Dem ehrgeizigen Bischof und späteren Erzbischof Diego Gelmírez (1098/99–1140) gelang es in der ersten Hälfte des 12. Jahrhunderts durch Gesandtschaften, Briefe, aber auch mit Hilfe von Fälschungen, seine Position als Vorsteher einer Kirche, die sich eines Apostelgrabes rühmte, ständig zu verbessern, so daß Papst Calixt II. Compostela schließlich 1120/1124 zum Erzbistum erhob.

Diese Rangerhöhung innerhalb der lateinisch-christlichen Kirche richtete sich nicht direkt gegen Rom, sondern vor allem gegen Ansprüche Toledos, das christliche Truppen 1085 von den Muslimen zurückerobert hatten. Die insgesamt fortschreitende „Reconquista", bei der sich die christlichen Reiche seit dem 11. Jahrhundert zunehmend gegen die muslimische Herrschaft durchsetzen konnten, machte es zugleich nötig, die kirchliche Hierarchie nach alten Traditionen oder neuen Prinzipien zu gestalten.

Ein Gewinner bei diesen Neugestaltungen war auch der Bischof Diego Gelmírez von Compostela. Ihm kam in den Auseinandersetzungen zugute, daß der galicische Ort inzwischen zu einem großen Pilgerzentrum geworden war, dessen Einzugsbereich sogar europäische Dimensionen erlangt hatte. So argumentierte man nicht nur mit dem Hinweis auf den Besitz des Apostelleichnams, sondern förderte die Bereitschaft des Papstes und seiner Umgebung zur Rangerhöhung als Erzbischof durch reiche Geldgeschenke. Diese gingen teilweise auf die außergewöhnlich großen Pilgergaben zurück, wie die Münzangaben in einer zeitgenössischen Quelle andeuten: So gehörten beispielsweise eine goldene Truhe, 211 Poiteviner Schillinge, 60 Mailänder Münzen und 20 Tolosaner Schillinge zu den aus Santiago überbrachten Gaben, die dem Papst und wichtigen Fürsprechern in seiner Umgebung überreicht wurden.

Die Geldmünzen verschiedener Herkunft deuten die Ausstrahlung des Jakobuskultes in dieser Zeit an. Schon im 9. Jahrhundert wird das Grab des Apostels Jakobus in Mitteleuropa in Martyrologien (Märtyrer- und Heiligenverzeichnisse zum Gebrauch in der Liturgie), so zum Beispiel in Burgund und im Bodenseeraum, erwähnt. Erste Pilger von diesseits der Pyrenäen können ab dem 10. Jahrhundert sogar namentlich nachgewiesen werden. Im deutschen Sprachraum nehmen Belege dafür ab dem ausgehenden 11. Jahrhundert zu. In Santiago de Compostela wurde man sich immer stärker bewußt, ein weit ausstrahlender Pilgerort zu sein: Die Compostelaner Bistumsgeschichte aus der Mitte des 12. Jahrhun-

Der Holzschnitt (1568) von Jost Amman, der mit Versen von Hans Sachs unterlegt ist, zeigt das Bild der Jakobspilger zu Beginn der Neuzeit. Mantel und Hut waren mit der Jakobsmuschel geschmückt, daneben jedoch auch mit weiteren Pilgerzeichen versehen.

derts berichtet davon, daß im Jahre 1121 der muslimische Almoraviden-Emir Ali ben Yusuf (1106–1143) aus dem südlichen Spanien Boten zur christlichen Königin Urraca (1109–1126) gesandt habe. Diese sahen in Navarra die Massen christlicher Pilger, die nach Santiago gingen. „Deshalb fragten sie einen Mann namens Peter, der ihre Sprache beherrschte: ‚Wer ist dieser große Mann, den unzählige Christen von jenseits und diesseits der Pyrenäen aufsuchen, um ihn zu verehren? Die Menge der christlichen Pilger, die nach Compostela gehen und wieder zurückkommen, ist so groß, daß sie kaum den Weg nach Westen offen lassen.‘ Da wurde ihnen geantwortet, es sei der hl. Jakobus, der Apostel unseres Herrn. [...], dessen Leichnam in Galicien begraben liege und den Gallien, England, Latium und Deutschland, alle christlichen Provinzen und besonders Spanien als ihren Patron verehren“ (Ed. Falque Rey, S. 307 f.).

Wer also zog in jenen Zeiten nach Compostela und nahm den weiten, gefahrvollen Weg sowie die dazugehörigen Strapazen auf sich? Die in Compostela niedergeschriebene Notiz mag in den Quantitäten vielleicht übertreiben, dürfte aber die wichtigsten Herkunftsgebiete der Pilger dieser Zeit richtig wiedergeben. Sie nennt vor allem Franzosen, Deutsche und Italiener, außerdem Engländer. Das Jakobsbuch (*Liber Sancti Jacobi*), das etwas später zwischen 1150 und 1160 in Compostela zusammengestellt wurde, hebt in einer Predigt zu den Nachtwachen der Pilger ebenfalls besonders Deutsche, Franzosen und Italiener hervor. Auch viele Wundergeschichten, die als zweites Buch in das Jakobsbuch integriert wurden, beziehen sich auf die Pilgerfahrt nach Compostela. Wenn vielleicht auch Zweifel an den Erzählungen oder den Wundern selbst aus einer „modernen“ Perspektive erlaubt sind, so dürften die geographischen Bezüge nicht frei erfunden worden sein. Die Herkunft der in diesen Mirakeln genannten Personen bestätigt im wesentlichen das bereits gewonnene Bild: Frankreich, Deutschland und Italien erscheinen bis in die Mitte des 12. Jahrhunderts als Kernräume der außerspanischen Jakobusverehrung.

Diese Ausstrahlung sollte sich noch erweitern. Das Kirchenrecht zählt seit dem beginnenden 13. Jahrhundert neben Rom und Jerusalem den Besuch von Compostela zu den großen Pilgerfahrten, den *peregrinationes maiores*. Eine geographische Ausweitung lassen nicht nur die Einzelnotizen, sondern zum Beispiel Geleitbriefe, die Pilgern einen besonderen Schutz zusagten, deutlich erkennen. Die besonders zahlreich in den Registern der aragonesischen Kanzlei überlieferten Geleitbriefe für Santiagopilger belegen, daß sich der Einzugsbereich im 14./15. Jahrhundert bis nach Osteuropa, ja mitunter sogar bis nach Griechenland und Asien ausgedehnt hatte. Eine Vielzahl weiterer einzelner Belege ist inzwischen ausgewertet worden, die ähnlich zuweilen sogar über Europas Grenzen hinausreichen.

Die Ausweitung der Pilgerbewegung läßt sich weiterhin an den Spuren ablesen, die der Jakobuskult außerhalb Galiciens und Spaniens hinterlassen hat. Denkt man an die Verbreitung der Texte, an die Funde von Pilgermuscheln in Gräbern, an künstlerische Darstellungen des Apostels, der seit dem 12./13. Jahrhundert vor allem als Pilger, dann zunehmend als Schlachtenhelfer dargestellt wird, so dokumentiert sich hier eine allgemeine Verbreitung der Jakobusverehrung mit unterschiedlichen regionalen Schwerpunkten.

Dem Andrang der Pilger aus allen Teilen Europas mußte auch baulich Rechnung getragen werden. Dies belegt eindrucksvoll der 1075/1078 begonnene Bau der romanischen Kathedrale in Compostela, die mit ihrer räumlichen Disposition der wachsenden Zahl der Pilger gerecht wurde und gegebenenfalls auch innerhalb des Kirchenraumes für Nächtigung Platz bereitstellte. Neue Gebäude wie Hospize und Herbergen in der Pilgerstadt sowie entlang den üblichen Wegen dorthin lassen ebenso auf neue Quantitäten schließen. An den Pilgerwegen ist sogar seit dem 12. Jahrhundert die Entstehung einer kommerziellen Gastlichkeit zu beobachten, und viele Erzählungen aus dem Jakobsbuch warnen vor betrügerischen Wirten, Taschenspielertricks der Geldfälscher oder den Versuchungen schöner Frauen unterwegs.

„Und was sage ich über jene, die zu der Zeit, wenn die Pilgerscharen kommen, Brot, Wein, Hafer, Früchte, Käse, Fleisch und Vögel teurer verkaufen? Auf den Wegen der Heiligen gibt es Unrecht und Betrug im Überfluß!“ (Herbers, Jakobsweg, S. 94).

Wenn diese Zeilen die Auswüchse der „Pilgerfürsorge“ geißeln, so geht hieraus zugleich die große Resonanz auf die Pilgerfahrten hervor, die sich bis ins 15. Jahrhundert weiter steigern sollte. Pilgerführer, wie derjenige von Hermann Künig von Vach, boten wichtige Ratschläge zur Reiseorganisation, nannten gute und gefährliche Häuser. Dieses Büchlein erschien sogar nach 1495 mehrfach in Deutschland im Druck. Die nur zu schätzenden Auflagenhöhen könnten auf mehrere Tausende Exemplare verweisen, und die holprigen Verse konnten vielleicht sogar nicht Lesekundige memorieren. Die Auflagen deuten die inzwischen erreichten Dimensionen und die Beliebtheit der Compostelafahrten an. Die Belege zu englischen Pilgerschiffen verweisen allein in manchen Jahren des 15. Jahrhunderts auf Tausende, die sich aus England nach Compostela auf den Weg gemacht haben.

Der Holzschnitt schmückt die Leipziger Ausgabe (1521) des Pilgerbuchs von Hermann Künig von Vach. Dieser Servitenmönch hatte wohl erstmals 1495 einen Pilgerführer für den Weg nach Santiago drucken lassen. Die holprigen Verse eigneten sich gut zum Memorieren.

Blick auf das Kap Finisterre mit seinem Leuchtturm. Die Bezeichnung der Landspitze bedeutet das „Ende der Welt“, denn bis zu den sogenannten „Entdeckungsfahrten“ des 15. Jahrhunderts war weiter westlich kein Land bekannt. Neben dem weiter südlich gelegenen El Padrón, dem Ort, wo der Legende zufolge der Leichnam des heiligen Jakobus in einem Boot anlandete, suchten viele Pilger im späten Mittelalter vor allen Dingen das Kap Finisterre auf. Manche Pilger- und Reiseberichte des 15. Jahrhunderts wiesen darauf hin, daß Leute, die nach Westen gefahren seien, niemals zurückkehrten. Deutsche Quellenberichte verballhornen jedoch auch den Ortsnamen und sprechen vielfach vom sogenannten „Finstern Stern“.

Zuwächse an Pilgern konnte nicht nur Compostela verzeichnen. Pilgern war im Mittelalter beliebt und verbreitet. Manche Indizien lassen sogar darauf schließen, daß jeder gläubige Christ im Mittelalter wenigstens einmal in seinem Leben, wenn möglich häufiger, zu einem der wichtigen Pilgerzentren unterwegs war. Der Erfolg des Ortes Compostela hing deshalb außer von der besonderen Auszeichnung, ein wirkmächtiges Apostelgrab zu besitzen, auch von den allgemeinen Entwicklungen der Heiligenverehrung und Frömmigkeit, von der Änderung zahlreicher Rahmenbedingungen und von der zunehmenden Mobilität im Laufe des Mittelalters ab.

Der Begriff des Pilgers hat sich im Verlauf der Geschichte gewandelt. Das lateinische Wort *peregrinus* meinte zunächst den „Fremden", erst langsam änderte sich seine Bedeutung. Es bezeichnete schließlich vor allem die Personen, die zu heiligen Stätten reisten. Das Unterwegssein scheint ein Merkmal verschiedener großer Religionen zu sein. Auch die für das Christentum maßgebliche biblische Tradition kennzeichnet unter anderen schon Abraham, der sich auf die Suche nach dem verheißenen Land auf den Weg machte, als Pilger. Der Auszug des Volkes Israel aus Ägypten läßt sich als Pilgerfahrt charakterisieren. Im Neuen Testament bietet der Weg der Jünger nach Emmaus Anknüpfungspunkte an das religiöse Unterwegssein als Weg der Heilssuche. In einem weiteren Sinn gilt sogar das Leben der Juden oder der Christen als „Pilgerfahrt": Der einzelne ist Pilger, ein Fremder auf Erden, der Erlösung sucht.

Stärker verband sich im frühen Mittelalter mit dem Begriff Pilger jedoch die Vorstellung, wie die irischen Wandermönche (*monachi peregrini*) freiwillig, um der Liebe Christi willen, die eigene Heimat zu verlassen. Weiterhin konnte sich das Ziel des Umherziehens zunehmend konkretisieren. Aus dem Wunsch, Christus nachzufolgen, entsprang gleichzeitig das Bedürfnis, auf den Spuren des Herrn zu wandeln und alle Orte zu besuchen, an denen der Erlöser leibhaftig zugegen gewesen war. In dieser Hinsicht muß Jerusalem als der „Urpilgerort" der Christenheit gelten. Zudem suchte man zuweilen nach Möglichkeiten, um eine Bußstrafe abzuleisten oder um ganz allgemein sein Seelenheil zu sichern. Seit dem Ende des 11. Jahrhunderts wurde solchen Pilgern auch der Erfolg ihrer Bemühungen vielfach bestätigt; sie konnten für ihre religiösen Übungen sogenannte Ablässe erwerben. Aber auch leibliche Heilung stand vielfach in Aussicht. Berichtete und aufgeschrie-

Der Pilgerführer aus dem 12. Jahrhundert betont ausdrücklich die Leistungen der Brückenbauer. Der aus dem Mittelalter stammende Pont Valentré in Cahors im Südwesten Frankreichs führte die Pilger auf der historischen Via Podensis sicher über den Lot und brachte sie damit auch den Pyrenäen ein Stück näher.

nachvollzogen, vor allem nach der Plünderung der römischen Friedhöfe durch die Ostgoten (537) und die Normanneneinfälle im karolingischen Frankenreich. Auf der Flucht nahm man die Reliquien mit und ließ später dem Kloster, das Schutz gewährt hatte, einen Teil des heiligen Leichnams zurück.
Zuweilen offenbarte der Heilige selbst den Weg zur Auffindung seiner Gebeine. Der Apostel Jakobus soll dem Eremiten Pelagius erschienen sein und den Ort seines Grabes bezeichnet haben. Wenn man kein Heiligengrab besaß oder auffinden konnte, bot sich jedoch die Möglichkeit, Reliquien zu erwerben, wie dies im 8. und 9. Jahrhundert beispielsweise in Rom möglich war.
Bedeutung und Wirksamkeit belegten vor allem die Wunder, die Reliquien verursachten. Dies führte gleichzeitig zu Konkurrenz: Von mehrfachen bene Wundererzählungen kündeten von der Macht der heiligen Orte und den dort wirkenden Heiligen.
Neben den verschiedenen Formen der Nachfolge Christi und der Suche nach Seelenheil und Körperheilung gewann der Reliquienkult an Bedeutung und förderte Pilgerfahrten als Besuch einer bestimmten heiligen Stätte. Seit dem 4. Jahrhundert wurden den Überresten oder Reliquien von Heiligen zunehmend übernatürliche Kräfte zugesprochen. Während man im kirchlichen Westen in der Spätantike die Gräber zumeist als unverletzlich respektierte, verbreitete sich im Orient sogar die Sitte, die Leichname in einzelne Partikel aufzuteilen, die jedoch weiterhin in jedem Teil die volle Kraft des Heiligen besitzen. Außerdem war hier die Übertragung der Heiligen an andere Orte durchaus schon frühzeitig akzeptiert. Im Okzident wurde dies erst später

Eines der viel bewunderten Werke der romanischen Kunst am Jakobsweg ist die Kirche San Martín in Frómista.

Das Pilgerkreuz in Roncesvalles steht an einem Ort, der vor allen Dingen seit dem 12. Jahrhundert zwei Traditionen miteinander verknüpft: die Kriegszüge Karls des Großen nach Spanien und seine Pilgerfahrt nach Santiago de Compostela.

Die im 12. Jahrhundert erbaute Kirche Santa María la Real in Sangüesa – einst eine Palastkirche – zeugt von der zurückliegenden Blütezeit dieser Stadt. Besonders das Südportal ist ein Wunderwerk der Bildhauerkunst.

Besitzansprüchen erzählt auch der Pilgerführer nach Santiago aus dem 12. Jahrhundert, wenn er die verschiedenen Heiligtümer vor allem in Frankreich beschreibt und bewertet. So wird dort zum Beispiel kritisch vermerkt, in Corbigny verehre man die Reliquien des hl. Leotard widerrechtlich unter dem Namen des hl. Leonhard. Aus diesen Streitigkeiten ist zu ersehen, welch großen Wert man den heiligen Leichnamen beimaß. Sie verschafften Schutz, Hilfe, Ansehen, Macht. Ja, mit dem Besitz von Reliquien wurden mehr als einmal politische Ansprüche legitimiert und durchgesetzt – so auch in Compostela. Zudem bescherten sie ihrem Besitzer oft wirtschaftliche Vorteile, wenn der Pilgerstrom geschickt dorthin gelenkt wurde.

Der Bedeutung entsprechend wurden die Behältnisse, die Reliquien aufnahmen, immer aufwendiger ausgestattet. Seit dem Zeitalter der Gotik zieren wertvoll gearbeitete Reliquienschreine die Altäre, von denen noch zahlreiche auf dem Weg nach Compostela in Kirchen oder Museen zu sehen sind. Die Behältnisse selbst erreichten im Laufe der Zeit fast den Charakter von Reliquien.

Trotz einer zunehmenden Zahl mangelte es stets an Reliquien, und selbst die Teilung der Gebeine half nicht immer, weil ein vollständiger Leichnam das größere Prestige und die größere Wundermacht versprach. Indirekte Reliquien konnten ununterbrochen geschaffen werden, indem man zum Beispiel das Heiligtum mit Tüchern berührte. Aber nicht nur diese „Berührungsreliquien“, sondern auch Erde aus dem Heiligen Land, Holz vom Kreuzesstamm oder von den Ölbergbäumen, das heruntergetropfte Wachs der am Heiligtum brennenden Kerzen waren als Verehrungsobjekte beliebt. Vor allem die indirekten Reliquien boten denn auch Kritikern des Reliquienwesens einen willkommenen Anlaß, konkret gegen Betrug und Geschäftemacherei im Reliquienhandel zu Felde zu ziehen. So bemerkte der franziskanische Wanderprediger Bernhardin von Siena: „So zeigt man auch viele Stücke vom Holz des Kreuzes Christi; sechs Paar Ochsen vermöchten die Last nicht zu ziehen, wenn man alle zusammenfügte. Das ist das Machwerk von Betrügern.“

Für die meisten gläubigen Menschen des Mittelalters galten jedoch die jeweiligen Reliquien als echt, wenn sie Wunder bewirkten. Deshalb lockten neben dem Wunsch nach Selbstheiligung vor allem die Wunderberichte zahlreiche Pilger auf den Weg zu einem heiligen Ort, wobei es durchaus üblich war, auch die anderen Kultzentren, die auf dem Weg lagen, zu besuchen.

Im Vergleich dazu besaßen die seit dem 12. Jahrhundert häufiger werdenden Ablässe für die Pilgerfahrten nach Santiago de Compostela geringere Bedeutung. Erst nachdem 1300 in Rom erstmals sogenannte Heilige Jahre von den Päpsten in regelmäßigen Abständen ausgerufen wurden, zog auch Santiago nach. Seit dem 15. Jahrhundert, vielleicht schon früher, gab es auch in Compostela Heilige Jahre, aber nach einem anderen System als in Rom. Wenn der Festtag des Apostels, der 25. Juli, auf einen Sonntag fällt, begeht man bis heute ein Heiliges Jahr, in dem man besondere Gnaden erwerben kann.

Die Beweggründe, eine Pilgerfahrt zu unternehmen, waren vielfältig. Schon im frühen Mittelalter wurden Pilger zur Sühne oder Buße auf den Weg geschikkt. Daneben gab es die freiwillige Verehrung bestimmter Heiliger. Körperliche oder andere Gebrechen führten häufig zu einer Bittwallfahrt; bereits durch Wunder Beglückte brachen auf, um dem Heiligen zu danken, vielfach um ein Gelübde zu erfüllen. Im späten Mittelalter legten geistliche und weltliche Institutionen wieder in größerem Maße Buß- oder Strafpilgerfahrten für bestimmte Vergehen auf. Das Pilgern der so verurteilten Delinquenten trug nicht unbedingt zur Sicherheit auf den Wegen bei, denn nun waren auf den Pilgerwegen auch Mörder, Diebe und andere Verbrecher in größerer Zahl unterwegs. Hinzu kamen schon im Spätmittelalter Delegationspilger, die anstelle eines anderen oder im Auftrag einer Gruppe – freiwillig oder gezwungenermaßen – reisten. Ebenso fällt es schwer, genauer einzuschätzen, welche Bedeutung „außerreligiösen“ Motiven zukam. Vielfach vermischten sich die Beweggründe, denn es war fast selbstverständlich, daß ein Händler oder Bote oder ein „politischer“ Gesandter nicht achtlos an einem Heiligtum wie Compostela vorbeiging, wenn ihn die Geschäfte in die Nähe führten.

Wie läßt sich die Organisation von Pilgerfahrten, insbesondere derjenigen nach Santiago de Compostela, kurz skizzieren? Auch hier wird deutlich, wie schwer religiöses und gesellschaftliches Leben im Mittelalter zu trennen sind. Schon bei der Vorbereitung waren religiöse und weltliche Aspekte bestimmend. Man beichtete seine Sünden, bestellte sein Haus, verfaßte ein Testament und besorgte sich die notwendige Pilgerausstattung vom Hut bis zu den besonders wichtigen Schuhen.

Die für eine so lange Reise unentbehrliche Versorgung der Pilger stellten zunächst vornehmlich kirchliche Institutionen, insbesondere Klöster, sicher. Spätestens seit der Karolingerzeit

Die Kirche Santa María la Real in Sangüesa ist vor allem wegen ihres romanischen Portals berühmt. Die Darstellungen sind wie ein aufgeschlagenes Bilderbuch, aus dem unzählige Gestalten, Tiere und Fabelwesen plastisch hervortreten. Die Fassade ist so ausgerichtet, daß man diese Bildprogramme gleichsam als Schaufassade zum Pilgerweg hin interpretieren wollte.

Die Klosterkirche von San Juan de Ortega ist nach dem heiligen Johannes von Ortega bezeichnet, einem aus der Provinz Burgos stammenden Mann, der nach einer Pilgerfahrt ins Heilige Land sein Schaffen in den Dienst der Allgemeinheit und der durchziehenden Pilger gestellt hatte. Er starb 1163 und wurde in einer Gruft dieser Kirche beigesetzt. Die Abbildung zeigt das Schaugrab, den Kenotaph, den die Katholischen Könige zu Beginn des 16. Jahrhunderts errichten ließen.

gehörte es zur Aufgabe der allgemeinen Armenfürsorge, sich auch um Pilger zu kümmern. Tochterklöster der Klostergemeinschaft von Cluny, später auch Kanonikerstifte und neue Orden, nahmen sich entlang dem Jakobsweg seit dem 11. Jahrhundert verstärkt der Pilger an. Am Santiagopilgerweg sind neben den von kirchlichen Gemeinschaften unterhaltenen Hospizen die *salvitates* hervorzuheben, Neusiedlungen, die Pilger wie Kaufleute schützen sollten und vor allem in Südwestfrankreich belegt sind. Als besonders bedeutsam verdienen die Hospitäler an den Gebirgspässen – so in Roncesvalles oder am Paß von Somport – erwähnt zu werden, welche die Schwierigkeiten einer Reise erheblich erleichterten. Ähnliches gilt für den Bau von Brükken, welche die Pilger von den oft unzuverlässigen, geldgierigen Fährleuten unabhängig machten. Ein eigenes Kapitel im Pilgerführer lobt die Straßen- und Brückenbauer, die zu Beginn des 12. Jahrhunderts wirkten.

Der stetige Aufschwung von Pilgerfahrten seit dem 11./12. Jahrhundert gehört allerdings auch in den Zusammenhang einer seit dieser Zeit wachsenden Mobilität. Technische Neuerungen, Bevölkerungszunahme, Kreuzzugsbewegung und weitere Entwicklungen kennzeichnen diese hochmittelalterliche Aufbruchsphase, in der die lateinische Christenheit zunehmend die eigenen Grenzen zu erweitern suchte. Kreuzzüge, Ostkolonisation und Mittelmeerhandel mögen als Stichworte genügen. Diese Grundtendenz begünstigte es wohl auch, daß – zumindest für bestimmte Bevölkerungsgruppen – nicht mehr nur ein benachbarter Pilgerort, sondern immer öfter auch weiter entfernte Zentren als Zielorte für Heil und Heilung attraktiv und erreichbar wurden. Besonders für weniger wohlhabende Pilger, die sich kein Gefolge leisten konnten, war zudem die verbesserte Infrastruktur für solch weite und nach wie vor gefährliche Reisen förderlich. Neben die Institutionen kirchlicher Fürsorge traten gewerbliche Einrichtungen. Die Passagen aus einer Predigt des Jakobsbuches, die vornehmlich den Betrug der Wirte, Krämer und Händler, Geldwechsler und Bankiers anprangern, beweisen zugleich, daß sich bereits in der ersten Hälfte des 12. Jahrhunderts verschiedene Gewerbezweige der Pilger annahmen.

Zur Organisation der Pilgerfahrten gehörte es weiterhin, Kirchen für liturgische Feiern mit großen Pilgerscharen zu schaffen. In der zweiten Hälfte des 11. Jahrhunderts wurde eine Reihe von

größeren Kirchen – von den Kunsthistorikern früher „Pilgerbasiliken" genannt – am sogenannten Jakobsweg gebaut.
Lange Zeit führten Kunsthistoriker die Ähnlichkeiten dieser Kirchen auf den Austausch über die Pilgerwege nach Compostela zurück. Hier seien über Bauhandwerker, Pilger und andere Personen Konzepte und neue Bauformen verbreitet worden. So sehr die Pilgermobilität auch Kontakte förderte, so betont man heute eher, daß die ähnlichen romanischen Basiliken auch vergleichbare Funktionen wahrnahmen. Sie standen alle an Devotionsorten, in denen zahlreichen Pilgern der Zugang zum Heiligtum erleichtert werden sollte. Die Konstruktion der Apsis um das Heiligengrab herum bot hier unter anderem ideale Möglichkeiten. Die zusätzlichen Seitenschiffe und der Umgang an der Apsis erlaubten es, die Menschenmassen an den jeweiligen Pilgerorten zu lenken; die zweite Etage schuf zusätzlichen Platz und ermöglichte gute Sicht. Vielleicht dienten die Emporen sogar dazu, für Pilger, die keine Unterkunft fanden, ein Nachtlager bereitzustellen, zumal die neu ankommenden Pilger ohnehin die erste Nacht meist in der Kirche verbrachten. Deshalb blieb die Compostelaner Kathedrale im 12. Jahrhundert angeblich rund um die Uhr geöffnet.
Sicherlich erwarben die meisten Pilger in Compostela die berühmte Pilgermuschel. Sie gilt in Schriften des 12. Jahrhunderts als Zeichen der heimkehrenden Santiagopilger, das mit der Palme der heimkehrenden Jerusalempilger verglichen wird. Die Muschel belegte nicht nur die erfolgte Pilgerfahrt, sondern konnte dem Pilger auch Schutz verleihen, weil damit sein Pilgerstatus gekennzeichnet war. Mit der wachsenden Zahl der Santiagopilger wurde der Verkauf der Muscheln und anderer Pilgerzeichen (Figuren aus Gargat/Pechkohle: *azabache*) auch wirtschaftlich attraktiv. In Compostela konnten sich langfristig und anders als in weiteren Gnadenorten die weltlichen Muschelhändler *(concheiros)* gegen ein kirchliches Verkaufsmonopol durchsetzen. Ein Glasfenster des Freiburger Münsters von 1524 zeigt den Verkauf von Pilgerzeichen vor dem Nordportal der Kathedrale von Compostela.
In Darstellungen von Pilgern, wie sie vornehmlich seit dem späten Mittelalter erhalten sind, sieht man diese Muscheln zumeist an den Pilgerhut oder an den Pilgermantel, der heute noch in manchen Sprachen „Pelerine" (Pilgerum-

Pilger auf der Paßroute, die über die Berge von León führt. Besonders für Radfahrer gilt dieser Streckenabschnitt des Jakobswegs als recht gefährlich. Ein am Straßenrand errichtetes Kreuz erinnert an einen verunglückten Pilger.

Der Pilgerstein mit der strahlenförmigen Muschel weist den Weg nach Santiago de Compostela. Die lückenlose Markierung des spanischen Jakobswegs erfolgte, nachdem sich der Europarat und andere europäische Institutionen stärker dieses Weges angenommen hatten.

hang) oder ähnlich heißt, geheftet, während bis in die Mitte des 14. Jahrhunderts diese Pilgerzeichen wohl vor allem an den Taschen befestigt wurden. Zuweilen, besonders in der Zeit des Barock, findet man die Muschel auch am Pilgerstab. Tasche und Stab wurden dem Pilger bei seinem Aufbruch von einem Priester mit einem besonderen Segen verliehen. Die Pilgerkleidung entsprach im wesentlichen der Reisekleidung. Sie konnte einen besonderen Schutz garantieren. So schickte Bischof Diego Gelmírez im Jahre 1118, als er die Erhöhung seines Bistums zum Erzbistum erreichen wollte, Boten mit 120 Pfund Gold nach Osten, die aus Gründen der Sicherheit als Pilger gekleidet durch das feindliche aragonesische Gebiet reisen sollten, und sogenannte Jakobsbrüder bedienten sich im 15. und 16. Jahrhundert des Pilgergewandes, um erfolgreicher betteln zu können.

Die seit dem Hochmittelalter fest ausgeprägten Formen einer Pilgerfahrt nach Santiago de Compostela, der Ruf des Heiligen und die vorhandene Infrastruktur unterstützten unter anderen Aspekten ihre bis ins 15. Jahrhundert stetig zunehmende Resonanz in ganz West- und Mitteleuropa. Gestiegene Pilgerzahlen sowie strukturelle Veränderungen läuteten aber auch eine Krise der Compostelafahrten seit der zweiten Hälfte des 15. Jahrhunderts ein. Wie schon erwähnt, begegneten die für Verbrechen zu einer Strafwallfahrt verurteilten Pilger auf dem Weg ihren Leidensgenossen: Gewaltverbrechern aller Schattierungen, Mördern und Totschlägern, Räubern, Dieben und Betrügern und der ganzen Schar kleinerer Missetäter, die man durch die auferlegten Pilgerfahrten vorübergehend vom Schauplatz ihrer Verbrechen entfernt hatte. Der Betrug an Pilgern unterwegs und in der Stadt Compostela scheint insgesamt eher zu- denn abgenommen zu haben.

Deshalb fehlt es nicht an Berichten enttäuschter Pilger, so daß es eigentlich kaum noch der beißenden Kritik ihres Zeitgenossen Erasmus von Rotterdam bedurft hätte. In einem seiner Dialoge wird Ogygius, der nach der Geburt eines gesunden Sohnes dem Gelöbnis seiner Schwiegermutter entsprechend nach Compostela gepilgert war, von seinem Gesprächspartner Menedemus vorgeworfen: „Ich bin der Meinung, es wäre deiner Familie keinen Deut schlechter gegangen, wenn du den Jakobus ungegrüßt gelassen hättest.“ Zwar gab es seit der Antike immer wieder kritische Stimmen zum Pilgerwesen, jedoch dürfte mit Erasmus ein Höhepunkt in der literarischen Durchformung und spöttischen Ironie erreicht sein, obwohl auch Humanisten weiterhin pilgerten, allerdings bezüglich des Wunderglaubens eher ihre Vorbehalte anmeldeten.

Die Reformation verstärkte eine schon begonnene Krise der Jakobuspilgerfahrten. Reformation, Glaubenskriege, Paßzwang und die politische Entwicklung der frühen Neuzeit beschleunigten den Niedergang, bis sich im 17. Jahrhundert – in Mitteleuropa nach dem Dreißigjährigen Krieg (1618–48) – Anzeichen eines langsamen Neubeginns bemerkbar machten, der jedoch nur bis zur Französischen Revolution 1789 anhielt.

Es ist mithin schwierig, die Pilger des 10. mit denen des 15. oder 20. Jahrhunderts zu vergleichen. Dennoch blieben gewisse Grundkonstanten wichtig, obwohl Reliquien, Wunderglaube und Ablaßfrömmigkeit zu verschiedenen Zeiten unterschiedliche Bedeutung hatten. Dazu traten fast immer weitere Beweggründe: Diplomatische Aufträge, wirtschaftliche Kontakte oder einfach Neugier und das Verlangen, die übliche Umgebung für eine Zeit zu verlassen, trugen auch zum Aufbruch zu fernen Pilgerzielen bei. Geblieben ist bis heute eine Anziehungskraft, die vielleicht auch von den vielen und weiten Wegen zu diesem Ort am Ende der damals bekannten Welt mitbestimmt war.

Der Nürnberger Patrizier Stephan III. Praun, der zur Zeit der Habsburger in Spanien tätig war, ließ sich als Jakobspilger darstellen. Sein Pilgerumhang und sein Pilgerhut sowie weitere Utensilien sind noch heute im Germanischen Nationalmuseum in Nürnberg zu besichtigen. Die Pergamentmalerei von 1571 zeigt ihn in dieser Ausstattung mit zahlreichen Muscheln und Pilgerzeichen am Hut.

Pilgermuscheln, Kürbisflaschen und Pilgerstäbe: Für die richtige Ausrüstung im traditionellen, manchmal auch im modernisierten Stil sorgt dieser kleine Laden am Jakobsweg. Die Kalebassen werden allerdings nur noch gelegentlich als Trinkutensil verwendet; ihren praktischen Nutzen haben sie mittlerweile an die bei Sportlern so beliebten Aluminiumflaschen abgegeben. Doch am Pilgerstab oder Rucksack befestigt, bilden sie gelegentlich ein dekoratives Anhängsel.

PRO·FORE

„Vier Wege führen nach Santiago, die sich zu einem einzigen in Puente la Reina in Spanien vereinen; einer geht über St-Gilles, Montpellier, Toulouse und den Somportpaß, ein anderer über Notre-Dame in Le Puy, Ste-Foy in Conques und St-Pierre in Moissac, ein weiterer über Ste-Marie-Madeleine in Vézelay, St-Léonard im Limousin und die Stadt Périgueux, ein letzter über St-Martin in Tours, St-Hilaire in Poitiers, St-Jean in Angély, St-Eutrope in Saintes und die Stadt Bordeaux. Diejenigen Wege, die über Ste-Foy, St-Léonard und St-Martin führen, vereinigen sich bei Ostabat, und nach dem Überschreiten des Cisapasses treffen sie in Puente la Reina auf den Weg, der den Somportpaß überquert; von dort gibt es nur einen Weg bis Santiago“ (Herbers, Jakobsweg, S. 102).

Mit diesen Worten beginnt der fünfte Teil des schon mehrfach genannten Jakobsbuches, eines Pilgerführers, der gerne als der erste „Guide bleu“ des Mittelalters bezeichnet worden ist. Jedoch haben Pilger und Reisende – soviel verrät die Überlieferung – dieses Buch als praktischen „Reiseführer“ nicht verwendet. Beschreibt der Autor aber die „Jakobswege“, wie sie noch heute in aller Munde sind? Das Werk läßt propagandistische Aspekte des Pilgerzentrums Compostela erkennen. Einige Forscher glauben, der Autor dieses Führers stamme aus Frankreich, aber dies ist keinesfalls sicher. Unterschieden werden in diesem Text vier Ausgangswege nach Santiago, die alle in Frankreich beginnen: in Tours, in Vézelay, in Le Puy und in St-Gilles. Damit hatte der Autor die bis heute in fast jedem Buch zu den Jakobspilgern reproduzierten Wege gleichsam festgeschrieben und kanonisiert. Überspitzt könnte man von einer „Erfindung der Pilgerwege“ durch den Verfasser dieser Zeilen sprechen. Denn verfolgt man die Wegstrecken späterer Pilger, so scheinen sie eher die Wege von Tours und von St-Gilles nach Santiago als die mühsamen Wegstrecken durch das Landesinnere und das teilweise unwegsame Massif Central gesucht zu haben. Die Wege von Tours oder St-Gilles ließen sich zudem über Paris oder das Rhônetal weiter nach Norden verlängern: Hier dürfte die alte Struktur der Römerstraßen auch für die Pilgerreisen prägend gewesen sein.

Übersehen wird meist jedoch weiterhin ein erstaunlich geschickter propagandistischer Coup dieses Pilgerführers, denn das für fast alle europäischen Regionen so weit entfernte Jakobusgrab wurde mit dieser Beschreibung näher an das übrige Europa herange-

Kreuzgang der Abteikirche von Moissac. Seine Kapitelle gehören zu den bedeutendsten Werken der romanischen Skulptur und wurden schon von den mittelalterlichen Pilgern bewundert; denn die Stadt am Fluß Tarn lag an der sogenannten Via Podensis, einer der vier wichtigen Pilgerrouten, die durch Frankreich führten.

bracht. Wichtige konkurrierende Kultzentren in Frankreich ordnete der Autor in einem langen Kapitel dem spanischen Jakobusgrab unter, indem er die zu besuchenden heiligen Leichname von Orten wie Tours, Ste-Foy in Conques, St-Leonhard im Limousin oder Toulouse einfach als Heiligtümer auf dem Weg, als Stationen zum Zielort, weniger als eigenständige Zentren würdigte. Aus dieser Perspektive erschien zugleich der Weg als wichtiger Teil der Jakobusverehrung, und Compostela an der geographischen Peripherie rückte gleichsam ideell ins Zentrum.

Das Ende der damals bekannten Welt, das Kap „Finis Terrae“ (heute Finisterre), wurde im späten Mittelalter ebenfalls von einigen Jakobspilgern aufgesucht und verlieh der Pilgerfahrt eine zusätzliche eschatologische Perspektive. Dort erblickte man nicht nur das weite Meer, sondern war vielleicht auch der Ewigkeit näher gerückt. Weg und Ziel wurden auf diese Art und Weise völlig neu vermessen.

Über die tatsächlich benutzten Wege der Pilger ist viel geschrieben worden. Sichtet man die Notizen, die hierzu weitere Informationen bereithalten, berücksichtigt man die erbauten Hospize und Devotionsstätten, so dürften Pilger in der Regel kaum besondere Pilgerstraßen, sondern die auch von Heeren, Händlern, Gesandten und anderen mobilen Bevölkerungsgruppen des Mittelalters benutzten Straßen gegangen sein. Obwohl der Pilgerführer bemerkt, Deutsche und Burgunder würden vornehmlich den Weg über Le Puy einschlagen, zogen die meisten deutschen Pilger nach Santiago wohl eher durch das Rhônetal und über St-Gilles. Der erwähnte erste deutsche Pilgerführer des Servitenmönches Hermann Künig von Vach, der wohl 1495/96 als Wiegendruck erschien und eine einzigartige Kostbarkeit darstellt, führt die Pilger aus Süddeutschland über die sogenannte „Oberstraße“ von Einsiedeln durch die Schweiz und das Rhônetal bis zu den Pyrenäen. Auf dem Rückweg schlug er in Frankreich die „Niederstraße“ ein, die über Tours, Paris und Belgien nach Aachen führte.

Neben praktischen spielten bei der Wahl der Wege auch spirituelle Gesichtspunkte eine Rolle, denn ein Pilger versuchte oft, auf seinem langen Weg verschiedene Heiligtümer zu besuchen oder weitere Aufträge zu erledigen. Hier dürften zugleich Konjunkturen bestimmter Heiligenzentren für die Wahl der Wege wichtig geworden sein. Aber dennoch sind feste „Pilgerwege“ nur selten vorauszusetzen, obwohl die Straße durch Nordspanien, der sogenannte camino francés, als eine wichtige Achse für die europäischen Pilger schon seit dem 10. Jahrhundert hohe Bedeutung gewonnen hatte.

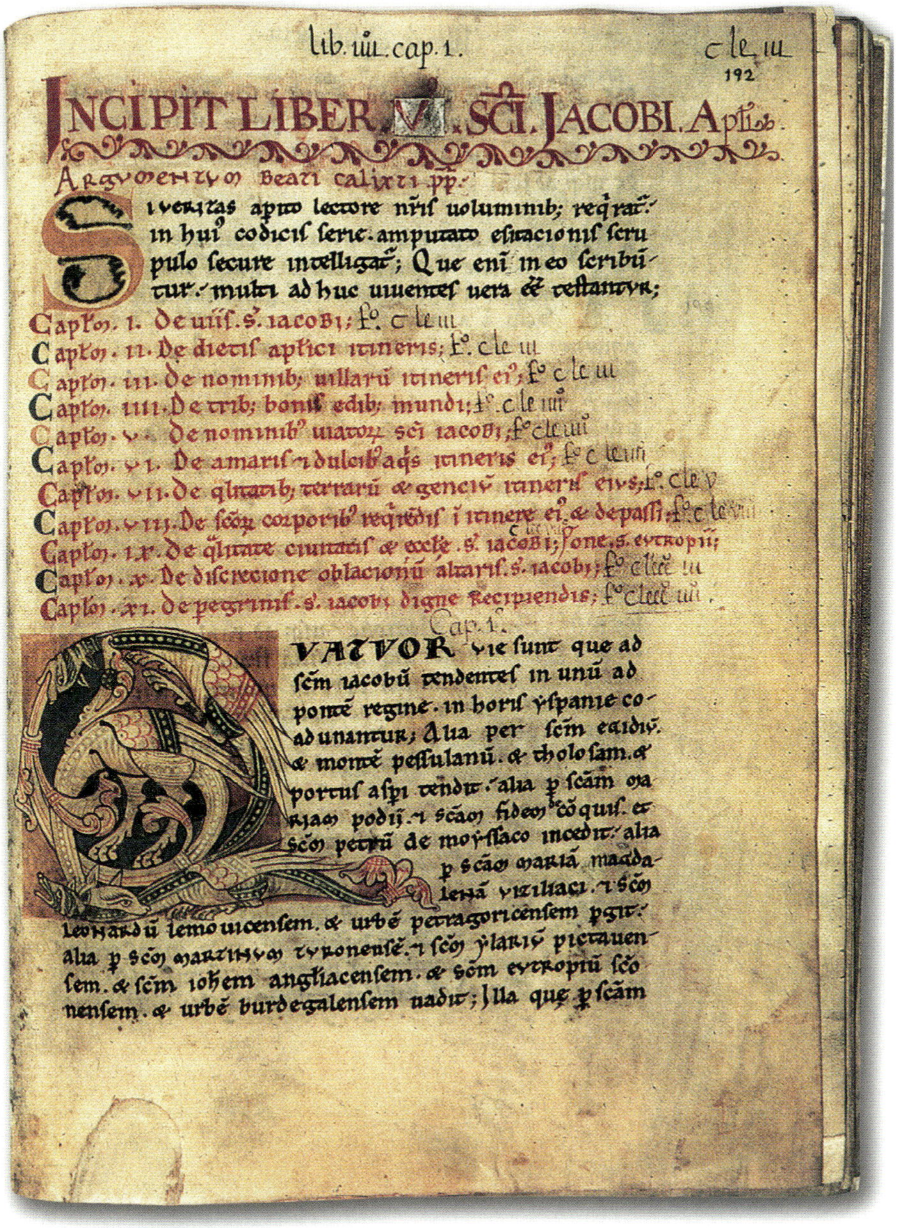

Die Liber Sancti Jacobi oder Codex Calixtinus genannte Handschrift (etwa von 1150) wird heute in Santiago de Compostela im Kathedralarchiv aufbewahrt. Auf fol. 192 r. beginnt das fünfte Buch, ein Pilgerführer aus dem 12. Jahrhundert. Nachdem sich Papst Calixt II. als angeblicher Autor zu erkennen gibt, werden anschließend elf Kapitel wie in einem Inhaltsverzeichnis aufgeführt.

SEÑOR DE BIOSECO
HOMBRE DE CAMA
DE S.M. CON ENTRADA
CABALLERO MAESTANTE
REAL DE RONDA
CORONEL RETIRADO
DEL REGIMIENTO PROBI
A QUE DA NOMBRE
ESTA CAPITAL
DE EL AÑO DE 1835
BRIVIESCA IN PACE

Der Kreuzgang des ehemaligen Klosters San Marcos in León ist immer noch ein Ort der Ruhe und des Friedens. Abgeschirmt vom Großstadtlärm durch dicke Mauern mag man in seiner Abgeschlossenheit über den Santiago-Ritterorden nachdenken, dessen Haupthaus hier zu Ende des 12. Jahrhunderts stand. Mit tatkräftiger Hilfe hatten die Ordensritter die Reconquista unterstützt und manchmal auch für den Schutz der Jakobspilger gesorgt. Für die Verdienste stiftete Ferdinand der Katholische Anfang des 16. Jahrhunderts ein prachtvolles Ordensgebäude, das auch als Pilgerhospiz diente. Nach einer umfassenden Restauration in jüngster Zeit verbirgt sich heute hinter der stilreinen Fassade ein Hotel der Luxusklasse, der Parador San Marcos.

Von Puente la Reina in Navarra gibt es laut dem Pilgerführer des 12. Jahrhunderts nur noch einen einzigen Weg bis nach Santiago. Die sogenannten „Pilgerwege" in Europa und durch Frankreich wurden – wie im vorigen Kapitel erläutert – nicht nur von Pilgern, sondern auch von vielen anderen genutzt, außerdem müssen wir von verschiedenen Routen ausgehen. Nach Überquerung der Pyrenäen folgten jedoch die meisten aus Europa kommenden Pilger – im Mittelalter wie heute – einer mehr oder weniger vorgegebenen Wegstrecke durch Nordspanien. Allerdings gab es auch in Spanien weitere Straßen, die zum Beispiel aus Andalusien oder aus Katalonien nach Santiago führten, die jedoch im frühen und hohen Mittelalter für Pilger nur geringe Bedeutung hatten. Wahrscheinlich zogen vor allem im 9. und 10. Jahrhundert wegen muslimischer Bedrohungen viele europäische Pilger durch das asturische Bergland. Hinzu kommen weiterhin die Landrouten derjenigen Pilger, die beispielsweise aus England oder dem Ostseeraum mit dem Schiff nach Santiago fuhren und seit dem späten Mittelalter meist in La Coruña an Land gingen.
Prägend wurde aber der Weg durch das Landesinnere, der nach der Überquerung der Pyrenäen von Puente la Reina mehr als 700 Kilometer durch die verschiedenen Landschaften und Reiche Nordspaniens bis nach Santiago de Compostela führte. War dieser Weg damals völlig neu für Pilger geschaffen worden? Nein, denn er ging auf eine seit der Antike bestehende Straße zurück. Schon die Römer hatten – wie man heute noch in „Las Medulas" besichtigen kann – in der Nähe von Ponferrada edle Metalle abgebaut und diese über Pamplona oder Zaragoza nach Gallien transportiert. Von dieser Straße profitierten im Mittelalter auch die Pilger, obwohl manche Wege, manche Brücken oder Befestigungen inzwischen zerstört waren. Angeblich ließ zu Beginn des 11. Jahrhunderts Sancho der Große von Navarra (1004–1035) die Straße instand setzen. Dies tat er sicherlich unter anderem auch, um die Heereszüge sicherer und schneller ziehen lassen zu können. Auch Pilger profitierten von diesem „Bauprogramm", das bald neben Brücken und Befestigungen auch Kirchen und Unterkünfte einschließen sollte. Der Frankenweg (camino francés), den hauptsächlich *franci*, also Bewohner des früheren karolingischen Frankenreichs, nutzten, basierte mithin auf antiken Grundlagen und diente weiterhin militärischen und diplomatischen Zwecken. Er war somit keinesfalls ausschließlich „Pilgerweg".
In welchem Verhältnis stand aber das Pilgern zu anderen Funktionen des Weges? Vor allem waren Handel und Pilgern aufeinander bezogen. Die Wirtschaft des nördlichen Spaniens, die lange Zeit im Schatten des florierenden muslimischen Südens gestanden hatte, nahm im 11. Jahrhundert einen deutlichen Aufschwung, der unter anderem auf sogenannten Parias-Zahlungen basierte. Dies waren Tribute der inzwischen kleinen muslimischen (Taifa-) Provinzen in Spanien an die erstarkten Herrscher der christlichen Reiche. Die Summen müssen beträchtlich gewesen sein. Ein Abkommen aus dem Jahre 1069 zwischen dem König des Taifenreiches von Zaragoza, Al-Motádir, und König Sancho, el Peñalén (1054–1076), spricht davon, daß monatlich tausend Goldmünzen zu entrichten waren. Eine Goldmünze wog damals ca. 1,9 Gramm, also erhielt der König von Pamplona jährlich etwa 20 Kilogramm Gold.
Der zunehmende wirtschaftliche Ausgleich zwischen den christlichen und muslimischen Einflußbereichen hatte auch Auswirkungen auf die Handelsströme. Ein Zolltarif aus dem ausgehenden 11. Jahrhundert (1076–1094) zeigt, welche Güter man vor allem importierte und exportierte und in der aragonesischen Pyrenäenstadt Jaca mit Zoll belegte: Stoffe aus Brügge, Seide aus Konstantinopel, Purpur, Farben, Schwerter, gefangene Mauren, Metalle, Gewürze, ja sogar Lebensmittel, Goldmünzen und weitere Dinge werden genannt. Der Zolltarif verweist zuweilen auf die Zentren, mit denen gehandelt wurde. Der Ort, an dem der Zoll erhoben wurde, ist aber ebenso aufschlußreich: Jaca lag am Fuße des Somportpasses und war ein Eingangstor zum nördlichen Spanien. Diesen Pyrenäenübergang benutzten auch die Jakobspilger. Der Zolltarif faßt in seiner Schlußpassage die Verbindung zwischen Handels- und Pilgerfahrt sehr deutlich: Nach der Aufzählung der Gebühren für verschiedene Produkte heißt es, Pilger seien frei von jeder Zollabgabe; bei den Bündeln von sogenannten Pilgerkaufleuten (*romei mercatores*) solle man schätzen, was für den Hin- und Rückweg benötigt werde und nur den Rest verzollen. Pilgerfahrt und Handelsreise zu kombinieren, galt als Indiz für ökonomisches Geschick, und eine Verbindung von spirituellen mit ökonomischen Interessen störte keinesfalls die damaligen Vorstellungen.
Der Jakobsweg gewann seit dem 11. Jahrhundert auch durch die neu entstehenden Städte, Siedlungen, Kirchen und Gebäude an Bedeutung. Aufgrund des allgemeinen Bevölkerungswachstums, aber auch durch den zunehmenden Austausch von Handelsgütern wurden am camino francés bald neben den alten Siedlungskernen neue Orte oder Stadtviertel gegründet, oft von „Ausländern". Händler siedelten sich bei Bischofssitzen an, wie in Santiago de Compostela, Burgos und Lugo, oder in der Nähe eines wichtigen Klosters, so zum Beispiel bei Sahagún. Die anonyme Chronik von Sahagún berichtet darüber, wie attraktiv dieser Ort für Schmiede, Schreiner, Schuhmacher, Gerber, Schildmacher und weitere Handwerker gewesen sein muß. Der Chronist stellt aber vor allem klar: Die neuen Städter kamen nicht nur aus der Umgebung, sondern auch aus anderen Ländern. So heißt es: Gascogner, Bretonen, Deutsche, Engländer, Burgunder, Normannen, Toulosaner, Provenzalen, Lombarden und viele weitere Händler ließen sich in Sahagún nieder.

Die neu aufblühenden Städte im nördlichen Spanien lagen fast alle am Weg nach Santiago. „Ausländer" stellten in diesen Städten ein hohes Kontingent. Sie waren vielfach als Personengruppe in den Rechtssatzungen der „fueros" (León 1017, Jaca 1077, Estella 1090) besonders bevorzugt. Das Zusammenleben – heute würde man von „multikultureller Gesellschaft" sprechen – blieb nicht ohne Konflikte, die sich im 12. Jahrhundert teilweise in heftigen Auseinandersetzungen entluden. Zu den Fremden gehörten nicht nur Händler und Handwerker, auch Mönche, Kleriker und Bischöfe kamen – vor allem aus Frankreich – im 11. und 12. Jahrhundert. Damit erhielten die Orte am Weg zugleich neue geistlich-geistige Impulse. Noch heute kann man an den Kirchenpatronen oder den Namen der Stadtviertel ablesen, daß manche Siedler aus Frankreich ihre Heiligenkulte mitbrachten, so den hl. Sernin aus Toulouse. Die neu ansässigen Fremden konnten zugleich vorbeiziehenden Pilgern helfen, sich in der Fremde besser zurechtzufinden. Hieraus entstanden neue Berufe. Beherbergten bis ins 12. Jahrhundert Klöster und Einzelpersonen ihre Pilgergäste, so sind seit dieser Zeit am Jakobsweg Nordspaniens die ersten kommerziellen Wirtshäuser und Herbergen Europas anzutreffen. Sie wurden zu Orten der Kommunikation, des Informationsaustausches und der Gastlichkeit, zuweilen auch des Betrugs.

Nicht nur Hospize und Herbergen machten eine Pilgerreise leichter und weniger gefährlich. Dazu trugen auch der Bau und die Verbesserung von Straßen und Brücken sowie rechtliche Schutzgarantien von Königen und weiteren Herrschaftsträgern bei. Bekannt ist die von der Gemahlin Sanchos des Großen errichtete Brücke über den Río Arga, die noch heute wie der Ort Puente la Reina (Königinbrücke) heißt. Dieser Bau nützte auch Pilgern, die nun nicht mehr von Fährleuten abhängig waren, über deren Praktiken in Südfrankreich der Verfasser des Pilgerführers folgendes berichtet:

„Ihr Schiff ist nämlich klein, aus einem einzigen Baum gefertigt, und kann Pferde kaum aufnehmen; wenn du es besteigst, mußt du dich hüten, nicht ins Wasser zu fallen. Es ist nötig, daß du dein Pferd am Zügel nach dir ziehst, und zwar außerhalb des Bootes, im Wasser. Besteige das Boot nur mit wenigen, denn wenn es zu sehr beladen ist, kentert es rasch. Oftmals lassen die Fährleute, nachdem die Pilger bezahlt haben, eine große Menge in das Boot einsteigen, damit das Schiff kentert und die Pilger im Wasser ertrinken. Dann freuen sie sich hämisch und bemächtigen sich der Habe der Toten" (Herbers, Jakobsweg, 113).

Brücken, Kirchen, Hospize und Herbergen sind heute nur noch zum Teil erhalten. Jedoch beeindrucken nicht nur einige erst spät errichtete große Hospize wie in Burgos, León oder Santiago, sondern auch die kleinen und großen Sakralbauten, die am Weg liegen. Zudem wurden vor allem Römerstraßen zu einem Pilgerweg umgestaltet, obwohl neben den Pilgern auch weiterhin Händler, Boten und Krieger über diese Straße zogen. Was aber erwartet den heutigen Jakobspilger, wenn er mit Pilgerumhang, Hut und Muschel von den Pyrenäen nach Santiago zieht? Was bietet der Weg neben der Suche nach Spiritualität und geistig-geistlichem Austausch an baulichen Zeugnissen, Traditionen und Geschichten, die sich um die verschiedenen durchquerten Orte und Landschaften ranken? Der lateinische Pilgerführer des 12. Jahrhunderts, die Sammlung der Jakobuswunder, der deutsche Pilgerführer des Hermann Künig von Vach, der 1495 als Wiegendruck erschien, sowie weitere Pilgerberichte erschließen neben den visuellen Eindrücken die damaligen Traditionen. Die Landschaften und Herrschaftsbereiche Navarra, der Rioja, Kastilien, León und Galicien verweisen zugleich auf unterschiedliche Aspekte und Phasen der spanischen Geschichte, die der Pilger bis heute auf Schritt und Tritt in Bauwerken und Geschichten entdecken kann.

Blick auf Burgos über den Río Arlanzón auf das Stadttor und die filigran durchbrochenen Turmspitzen der gotischen Kathedrale. Die Stadt, die auch mit der Geschichte des Cid verbunden ist, war ein bedeutender Etappenort auf dem Jakobsweg mit zahlreichen Herbergen und Hospitälern.

Von der Brücke hat der Ort Puente la Reina (Brücke der Königin) seinen Namen. Dieses Bauwerk wurde auf Wunsch der Gemahlin König Sanchos III. um 1030 errichtet. Wie andere Brükken machte auch diese die Pilger unabhängig von Fährleuten und den damit verbundenen Schwierigkeiten bei der Überquerung von Flüssen. Der Ort am Arga-Fluß war eine wichtige Station auf dem Jakobsweg, denn hier trafen mehrere Pilgerrouten zusammen, um in einem Strang weiter bis nach Santiago zu führen.

Poesie in Stein: Das südlich von Burgos und etwas abseits vom eigentlichen Jakobsweg gelegene Kloster Santo Domingo de Silos führt den Betrachter in eine Welt von anziehender Schönheit. Zu den Kostbarkeiten gehören die zahlreichen auf Doppelsäulen ruhenden Kapitelle mit floralen, dekorativen und figürlichen Motiven; sie wurden von Steinmetzen geschaffen, deren Kunst – so nimmt man an – von maurischen Einflüssen geprägt war. Der aus zwei Galerien bestehende Kreuzgang wurde im 11. Jahrhundert, also noch zu der Zeit, als der heilige Dominikus von Silos das Kloster leitete, begonnen und etwa ein Jahrhundert später fertiggestellt.

Wie gelangte der Pilger nach Nordspanien, auf den camino francés, wenn er bereits die sandigen Böden Südwestfrankreichs durchquert hatte und spätestens in St-Jean-Pied-de-Port oder anderswo die Pyrenäen vor sich sah? Zwei Pässe verbanden Südwestfrankreich mit den Königreichen Navarra und Aragón: Über den schon genannten Somportpaß gelangten die Pilger nach Jaca, in das Reich Aragón. Seit dem 12. Jahrhundert scheint jedoch die Überquerung bei Roncesvalles, welche die Pilger nach Pamplona und damit nach Navarra brachte, wichtiger geworden zu sein. Vermutlich spielten weniger wirtschaftliche Hintergründe als vielmehr geistig-ideologische Neuorientierungen eine Rolle.

Roncesvalles war mit dem Namen Karls des Großen verbunden. Dieser Karolinger hatte 778 einen Kriegszug gegen das damals muslimische Zaragoza unternommen, mußte aber unverrichteter Dinge zurückkehren. Auf dem Rückzug bei Roncesvalles soll seine Nachhut in einen Hinterhalt geraten sein, bei dem auch einige seiner Begleiter, darunter Roland, umgekommen seien. Diese Episode wurde im bekannten Rolandslied thematisiert, das seit dem 11. Jahrhundert auch aufgeschrieben wurde. Wichtiger für unser Thema aber wurde eine lateinische Fassung, die den Kampf Karls des Großen gegen die „Ungläubigen" mit den Pilgerfahrten verband. Erzbischof Turpin von Reims (748–794) soll diesen Text (*Historia Turpini*) verfaßt haben. Eine frühe Fassung war in das berühmte Jakobsbuch (*Liber Sancti Jacobi* oder *Codex Calixtinus*), das angeblich Papst Calixt II. (1119–1124) zusammengestellt haben soll, aufgenommen worden.

Was wird in dieser Geschichte berichtet? Der heilige Jakobus, so heißt es, sei Kaiser Karl im Traum erschienen und habe ihn aufgefordert, dem Sternenweg zu folgen, das vergessene Apostelgrab zu besuchen und Spanien von den Muslimen zu befreien. Für seine Mühe wolle Jakobus dem Karolinger himmlischen Lohn und die Krone des ewigen Lebens verleihen. Daraufhin sammelte Karl ein Heer, führte auf fast der gesamten Halbinsel Krieg gegen die Muslime, eroberte Städte zurück und besuchte das Jakobusgrab. Mit Teilen

Blick von der Paßhöhe bei Roncesvalles in die Waldschluchten von Valcarlos. In dieses Tal soll sich Karl der Große nach einem Kriegszug gegen das islamische Spanien 778 mit seinem Heer geflüchtet haben, als seine Nachhut mit Roland an der Spitze jenseits des Passes den Heldentod starb.

der gemachten Beute stattete er die Kirche von Compostela aus, ließ seinen begleitenden Erzbischof Turpin Weihehandlungen vornehmen und erhöhte den Ort zum wichtigsten Platz Spaniens. Nach verschiedenen Kämpfen und Versuchen, den Muslimen durch Religionsgespräche den christlichen Glauben näherzubringen, wird unter anderem von der Niederlage von Heeresteilen bei Roncesvalles wie vom Tod und von der Bestattung wichtiger Begleiter Karls, etwa Rolands, berichtet.

Diese Geschichte, die Karl zum Maurenkämpfer und ersten Jakobspilger stilisierte, paßte bestens in die Zeit der Kreuzzüge. Von der zunehmenden Verbreitung dieser Erzählung – noch heute gibt es etwa 300 lateinische und auch volkssprachliche Handschriften – scheint aber zugleich der Pyrenäenübergang bei Roncesvalles profitiert zu haben, den Pilger nun zunehmend nutzten, jedenfalls wurde beispielsweise das Hospital von Roncesvalles in der ersten Hälfte des 12. Jahrhunderts errichtet. Auch der Pilgerführer des 12. Jahrhunderts würdigt bei seiner Wegbeschreibung die Taten Karls:

„Nördlich, in der Nähe dieses Berges, liegt das als Valcarlos bezeichnete Tal, in das derselbe Karl mit seinem Heer floh, als die Kämpfer in Roncesvalles getötet worden waren. Dieses Tal durchqueren viele Jakobspilger, wenn sie den Berg nicht besteigen wollen. Anschließend trifft man beim Abstieg von diesem Berg auf das Hospiz und die Kirche. Dort liegt der Fels, den der tapfere Krieger Roland mit einem dreifachen Schwertstreich von oben bis unten mitten durchgespalten hat. Dann gelangt man in den Ort Roncesvalles, wo einst die große Schlacht stattfand (...). Anschließend erreicht man Navarra, reich an Brot, Wein, Milch und Vieh. Die Navarreser und Basken gleichen sich in der Art ihrer Ernährung, Kleidung und Sprache; jedoch haben die Basken eine weißere Haut als die Navarreser“ (Herbers, Jakobsweg, 117 f.).

Die Kathedrale von Jaca läßt ihren frühromanischen Beginn vor allen Dingen am Portal erkennen. Dieser Ort war ursprünglich das Zentrum von Aragón, bis sich die fortschreitende Reconquista (Rückeroberung) weiter nach Huesca und Zaragoza verlagerte.

Der Weg über Roncesvalles wird hier der angeblich karolingischen Traditionen wegen favorisiert, obwohl die Navarreser beim Autor des hochmittelalterlichen Pilgerführers offensichtlich nicht sehr beliebt waren. Denn dieses Büchlein brachte mit seinen Ratschlägen auch manch abschätziges Urteil unter seine Leser. So heißt es zum Beispiel: „In Puente la Reina gibt es Arga und Runa; bei einem Lorca genannten Ort fließt der sogenannte ‚Salzbach‘, hüte dich, weder deine Lippen zu

benetzen noch dein Pferd dort zu tränken, denn der Fluß ist todbringend! Als wir nach Santiago pilgerten, fanden wir an seinem Ufer zwei Navarreser, die dort saßen und ihre Messer wetzten, sie pflegten die Pferde der Pilger abzuhäuten, die man mit jenem Wasser getränkt hatte und die verendeten. Auf unsere Fragen hin logen sie und sagten, das Wasser sei gut und trinkbar. Wir ließen also unsere Pferde saufen, und sogleich starben zwei von ihnen, die diese Leute sofort abhäuteten" (Herbers, Jakobsweg, 108 f.).

Epische Dichtungen wie das Rolandslied und die *Historia Turpini* haben mithin ebenso wie mündliche Erzählungen die Wahl des Pyrenäenübergangs bei Roncesvalles mit beeinflußt. In der Hauptstadt Navarras wurden die Pilger erneut an Karl erinnert, denn viele Darstellungen – wie die Reliefs am Aachener Karlsschrein – zeigten, daß Karl mit göttlicher Hilfe Pamplona wieder für die Christen gewonnen habe. Nur zwei Tagesreisen weiter kann noch heute jeder Pilger am prachtvollen herrschaftlichen Palast in Estella ein Relief aus dem 12. Jahrhundert bewundern, das zwei Protagonisten aus der *Historia Turpini*, den christlichen Ritter Roland und den muslimischen Riesen Ferragut, im Kampf um den richtigen Glauben zeigt. Geschichten am und vom Weg wurden so auch in Stein und anderweitig festgehalten.

Navarra und das benachbarte Aragón bieten aber nicht nur Erinnerungen an Karl den Großen. Schon hier – wie auch auf dem weiteren Weg – finden sich zahlreiche Monumente vorromanischer und romanischer Baukunst, denkt man an die frühromanische Kathedrale in Jaca, aber auch die Kirchen von Leyre, Puente la Reina, Estella oder kleinere Gotteshäuser wie in Sangüesa, Eunate oder Torres del Rio. Lange Zeit hat man nicht nur die Verbreitung der Geschichten um Karl den Großen mit den Pilgerwegen in Verbindung gebracht, sondern man wollte auch einige romanische Kirchen als sogenannte „Pilgerkirchen" interpretieren. Aber diese großen Theorien lassen viele Fragen unbeantwortet, und heute dominieren differenziertere Erklärungsversuche, die bei jeder Kirche auch die eigene Tradition berücksichtigen. Manche Einflüsse reichen deutlich über den Weg hinaus, denn schließlich sollen die in Navarra zu findenden romanischen Bauten Eunate und Torres del Rio mit ihren oktogonalen Formen Bezüge aufweisen, die nach der Ansicht mancher Forscher auf das Heilige Land verweisen. Die Zeugnisse romanischer Baukunst in Navarra und am weiteren Weg waren insgesamt weniger „Pilgerkirchen" als vielmehr mit ihrer üppigen Ausstattung häufig

Wie ein steinernes Juwel liegt das Kloster San Juan de la Peña mit seinem Kreuzgang an einem überwölbenden Felsabhang. Die Abtei war ein Rückzugsort und geistiges Zentrum der christlichen Identität zur Zeit der muslimischen Herrschaft.

Zeugnisse eines gewissen Reichtums. Sie hatten zuweilen aber, wie in Sangüesa, ihre „Schauseiten“ mit den Programmen der Portale zum Pilgerweg hin orientiert.
Die Pilger, die über den Somportpaß die Iberische Halbinsel betraten, wurden in Jaca, aber besonders in San Juan de la Peña oder Leyre teilweise sogar mit vorromanischen Traditionen konfrontiert. San Juan de la Peña mit einem berühmten Kreuzgang am Felsabhang besitzt noch heute auf der unteren Ebene eine kleine mozarabische Kirche aus dem 10. Jahrhundert, darüber wurden ein Konzilssaal sowie eine Grablege für Adelige und Könige errichtet. Dieser Ort wurde mit Einführung der römischen Liturgie 1071 zum Vorreiter römisch-europäischer Einflüsse in Spanien, das bis dahin eigene kirchliche Gebräuche gepflegt hatte. Das Kloster Leyre ist wohl noch älter, obwohl die wichtigsten Bauten aus dem 11. und 12. Jahrhundert stammten. Aber schon ein Christ aus dem muslimischen Spanien, der Mozaraber Eulogius, kam im 9. Jahrhundert hierher, um lateinische Handschriften einzusehen. Die erhaltene Krypta dürfte durchaus aus dem 9. bis 11. Jahrhundert stammen.
Viele Städte im benachbarten Navarra sind jedoch nicht nur durch die Gebäude, sondern auch durch ihre Viertel geprägt. Noch heute lassen sich in Pamplona die Navarrería von den Vierteln San Nicolas und San Cernin unterscheiden, deren Namen darauf verweisen, daß neben Navarresern auch Siedler aus Frankreich oder Italien mit den eingeführten Heiligenkulten lebten, wie dies auch in weiteren Orten am Pilgerpfad der Fall war.
Auf dem Weg in die Rioja konnte sich der Pilger nach Pamplona besonders in Estella stärken, wo es hervorragendes Brot, guten Wein, Fleisch und Fisch gab, wie der Pilgerführer des 12. Jahrhunderts hervorhebt. Wenig später gelangte er zu einem Kloster, das wohl noch auf die westgotische Zeit zurückgeht: Irache. Hier stand seit 1054 ein Pilgerhospiz zur Verfügung, wie die Quellen berichten. Heute ist jedem wieder eine wenigstens kurze Rast zu empfehlen, denn die Weinkeller des Klosters Irache besitzen eine Zapfstelle mit zwei Hähnen. Dort fließt nach Wahl Wein oder Wasser zur Erquikkung der müden Pilger auf ihrem Weg.

Wie ein steinernes Konglomerat, aus dem die Kirche San Miguel herausragt, stellt sich die Altstadt von Estella dem Blick des Betrachters entgegen. Der Pilgerweg führt über den Río Ega, der an dieser Stelle von dem Puente de la Cárcel überbrückt ist. Im Pilgerführer des 12. Jahrhunderts kann man nachlesen, daß das Wasser des Flusses für Mensch und Tier mild, rein und ausgezeichnet war.

Blick auf die Bergketten der Pyrenäen, die den Somport-Paß umschließen. Dieser Übergang wurde insbesondere von jenen Pilgern bevorzugt, die auf der über Toulouse führenden Route unterwegs waren. Nicht umsonst bemerkt der Pilgerführer des 12. Jahrhunderts, daß man auf den Höhen der Pyrenäen teilweise den Himmel zu berühren glaubt. Der Somport-Paß führte die Pilger in die aragonesische Stadt Jaca. Die andere Überquerung der Pyrenäen bei Roncesvalles brachte sie in die Hauptstadt Navarras, nach Pamplona.

In St-Jean-Pied-de-Port legten die Pilger oft nochmals eine ausgiebige Rast ein, um Kräfte zu sammeln für den anstrengenden Aufstieg zum Ibañeta-Paß, dem Tor in das alte spanische Reich Navarra. Der Ort am Fuß der nördlichen Pyrenäen hat seinen Namen vom heiligen Johannes, aber auch von seiner Lage als Ausgangspunkt der Paßüberquerung. Zeitweise gehörte er allerdings zum navarresischen Königreich, für das die Kammlinie keineswegs eine natürliche Grenze bildete. Noch heute ist in diesem Gebirgsabschnitt auf beiden Seiten teilweise eine sprachliche Einheit gegeben, denn das Baskische wird südlich und nördlich der Pyrenäen gesprochen.

Die romanische Kirche Santa María de Eunate gehört mit zu den größten Rätseln der baulichen Denkmäler am Jakobsweg. Sie liegt in Navarra außerhalb jeglicher Ortschaft. Ihre oktogonale Form und die Umgänge haben zu verschiedenen Vermutungen und Spekulationen Anlaß gegeben. Sollte hier ein Einfluß der sogenannten Ritterordensarchitektur gewirkt haben? Handelt es sich um eine Friedhofskirche oder Begräbnisstätte? Bis heute ist keine befriedigende Antwort auf diese Fragen gefunden worden. Sicher ist lediglich, daß sie immer noch die Besucher unmittelbar in ihren Bann zieht.

Das Relief am Nordportal von San Miguel in Estella (12. Jahrhundert) ist Teil einer figurenreichen Schauwand, die den Betrachter durch seine romanische Schönheit in den Bann zieht. Es stellt die Auferstehung Jesu dar: Zwei Engel zeigen den drei Marien das leere Grab.

Krypta der Benediktinerabtei San Salvator de Leyre. Mit dem darüber liegenden Chor gehört sie zu den ältesten Bauteilen der klösterlichen Anlage, deren Wurzeln bis in das 9. Jahrhundert zurückreichen. Aus dieser Zeit ist auch der Besuch eines aus dem maurisch besetzten Spanien stammenden Christen, des heiligen Eulogius, belegt, der hier lateinische Schriften einsah. In ihrer weiteren Entwicklung war die Abtei nicht nur ein religiöses Zentrum, sondern auch politische Drehscheibe und Bestandteil der feudalen Ordnung. Nachdem sie im 19. Jh. verlassen wurde, erfuhr sie seit 1954 wieder eine Belebung des klösterlichen Lebens und bietet Reisenden Übernachtungsmöglichkeiten.

Die Landschaft zwischen Estella und Logroño führt von der Provinz Navarra in die Region der Rioja. Endlos erstrecken sich landwirtschaftlich genutzte Flächen, die ahnen lassen, daß hier ertragreiche Ernten eingefahren werden. Schon der Pilgerführer des 12. Jahrhunderts preist Estella wegen des guten Brotes, des vorzüglichen Weines und des Überflusses an Fleisch und Fisch.

Noch bessere Trauben wuchsen und wachsen in der Rioja, die sich nach der Durchquerung von Torres del Rio und Viana an die stärker durch die Pyrenäen und das Pyrenäenvorland geprägte Landschaft Navarras anschließt. Dieses Gebiet gehörte im Laufe der Geschichte manchmal zu Navarra, manchmal zu Kastilien. Hermann Künig meint in seinem Führer von 1495, daß hier Spanien beginne und nun das Geld gewechselt werden müsse. Weniger des Weines wegen war diese Gegend umstritten; vielmehr ging es bei den Auseinandersetzungen meist um territoriale Abgrenzungen oder Gewinne, denn das Gebiet am Oberlauf des Ebro war wichtig, erschloß es doch Wege bis hin zum Mittelmeer und könnte geopolitisch als eine Art Knotenpunkt bezeichnet werden. Das Kloster Santa María la Real mit Kreuzgang und Königsgrablege bezeugt, welche politische Bedeutung der zentrale Ort Nájera lange Zeit besaß. Die Lage der Rioja zwischen Navarra und Kastilien und den Verkehrsverbindungen bis nach Aragón und Katalonien begünstigte auch den geistig-geistlichen Austausch. Schon im 9. und 10. Jahrhundert bestanden hier viele wichtige Klöster, die als Zentren von Neuerungen und Kontakten dienten. Die frühesten Zeugnisse der kastilischen (spanischen) Sprache sind im 10. Jahrhundert im Kloster San Millán de la Cogolla überliefert. Dieses Kloster ist noch in weiterer Hinsicht für die Geschichte des Jakobsweges und des Jakobskultes interessant, denn wie Jakobus soll im hohen Mittelalter auch Aemilianus (S. Millán), der im 6. Jahrhundert als Hirte und Einsiedler in den dortigen Bergen gelebt hatte und dessen Reliquien 1030 in die Abtei Cogolla gebracht wurden, in Schlachten gegen die Muslime den Christen zu Hilfe geeilt sein.

Südlich von Logroño, wo die Pilger den Ebro überqueren, liegt der Ort Clavijo. Hier soll der Apostel Jakobus schon 843/844 als himmlischer Helfer in eine Schlacht gegen die Muslime eingegriffen haben. „Hilf uns Gott und Du, Heiliger Jakobus“, hätten die Krieger angeblich bei dieser Kriegshandlung im 9. Jahrhundert gerufen. Erst eine Urkunde aus dem 12. Jahrhundert berichtet jedoch von Schwierigkeiten zu Zeiten des Königs Ramiro I. (842–850). Demnach mußten die christlichen Könige damals den Arabern jährlich 100 Jungfrauen, 50 aus dem Adel, 50 aus dem Volk, als Tribut abgeben. Ramiro sei nicht bereit gewesen, dies weiter zu dulden, und habe nach einer Versammlung und einem Heeresaufgebot die Auseinandersetzung gesucht. Nach einer Niederlage in Albelda seien der König und sein Heer nach Clavijo ausgewichen. Dort sei ihm der hl. Jako-

Ein Abstecher vom Jakobsweg führt in die am Rande der Sierra de la Demanda gelegene Abtei San Millán de la Cogolla. Der Name geht auf den heiligen Aemilianus und seine Kokulle (rauhes Mönchsgewand) zurück.

bus als Beschützer der Spanier im Traum erschienen und habe Ramiro angekündigt, er werde ihm und seinen Leuten bei der kommenden Schlacht auf einem Schimmel mit einer weißen Fahne im Kampf erscheinen. Die Krieger sollten seinen und den Namen Gottes anrufen. Nach Beichte und Kommunion seien die Truppen am nächsten Morgen zur Schlacht angetreten, hätten Gott und Jakobus angerufen und seien mit Hilfe des Apostels siegreich geblieben. Hierauf hätten Ramiro sowie seine Gemahlin, sein Sohn, sein Bruder und weitere anwesende Zeugen die jährliche Zahlung von einem Maß Getreide und Wein pro Ochsengespann an die Basilika des Apostels festgelegt, die von nun an jeder Christ in ganz Spanien entrichten müsse. Außerdem solle nach jedem Sieg gegen die Sarazenen der Beuteanteil, der einem Streiter zukomme, abgegeben werden.

Es geht in der Urkunde des 12. Jahrhunderts also vor allem darum, die Abgaben an die Kirche von Santiago zu rechtfertigen. Offensichtlich förderten aber die Reconquistakämpfe gegen die Muslime in dieser Zeit auch die Erzählungen über die angeblichen Ereignisse 844 in Clavijo, welche die Schlachtenhilfe des Apostels mit Abgabenforderungen kombinierte. Die Erzählung zeigt weiterhin die Konkurrenz zum hl. Aemilianus (Millán), denn in San Millán de la Cogolla war eine ähnliche Fälschung zugunsten von Aemilianus ebenfalls in der Mitte des 12. Jahrhunderts entstanden.

Wie auch immer die Interessen im 12. Jahrhundert lagen: Die Episode über die Schlachtenhilfe des Apostels wurde in fast alle wichtigen Geschichtswerke des späten Mittelalters aufgenommen. Besonders präsent blieb sie aber, weil bei Erhebung der Abgaben für Compostela immer zugleich an den mit Hilfe des Apostels errungenen Schlachtensieg von Clavijo erinnert wurde. Damit verfestigte sich das Bild des Apostels Jakobus als Schlachtenhelfer, teilweise sogar als Maurentöter („matamoros") bis in die Neuzeit. Gerade die späteren Darstellungen stellten Jakobus hoch zu Roß als tatkräftigen Kriegshelfer dar, so auch am Portalrelief der Santiago-Kirche in Logroño. Die heutige Kirche stammt aus dem 16. Jahrhundert, soll aber – wohl mit Bezug auf die skizzierte Erzählung – schon von Ramiro I. erstmals im 9. Jahrhundert errichtet worden sein.

Fels und Burg von Clavijo erinnern an die legendäre Schlachtenhilfe des Apostels gegen die muslimischen Truppen. Hier soll 844 ein wichtiges Gefecht stattgefunden haben. Jakobus sei, so will es die Überlieferung seit dem 12. Jahrhundert, auf einem Roß erschienen und habe den Christen zum Sieg verholfen.

Oberhalb der Skulptur als Maurentöter ist in Logroño der Apostel Jakobus auch als Pilger dargestellt. Jakobus half nicht nur in Schlachten, sondern stand auch frommen und ehrlichen Pilgern bei. Eine weitere Geschichte, die das Bild vom Pilgerapostel und -helfer festigte, gehört ebenfalls in diese Region: In der Kathedrale von Santo Domingo de la Calzada findet sich noch heute ein Käfig mit lebenden Hühnern, die einstmals die Unschuld frommer Jakobspilger und die Hilfe des Apostels angezeigt haben sollen. Das Galgen- oder Hühnermirakel zählt zu den bekanntesten Geschichten vom Weg. Es wurde in ganz Europa erzählt und in den verschiedensten Zusammenhängen dargestellt. Die früheste Aufzeichnung im Jakobsbuch stammt aus dem 12. Jahrhundert und hat etwa folgenden Inhalt:

Um 1090 wollte ein deutscher Vater mit seinem Sohn nach Santiago de Compostela pilgern. In einer Herberge in Toulouse machte ein Wirt sie trunken, versteckte einen Becher in ihrem Pilgergepäck und klagte sie am nächsten Morgen des Diebstahls an. Einer der beiden, Vater oder Sohn, wurde zum Tod am Galgen verurteilt; der Vater wollte für den Sohn, der Sohn für den Vater sterben. Schließlich hängte man den Jüngling. Der Vater zog weiter nach Santiago de Compostela. Als er von dort zurückkehrte, fand er seinen Sohn zwar immer noch am Galgen, der Sohn redete jedoch und berichtete dem Vater, der hl. Jakobus habe ihn vor dem Tod bewahrt. Als die Bewohner der Stadt dies erfuhren, nahmen sie den Sohn vom Galgen und henkten statt dessen den betrügerischen Wirt.

Jacobus von Voragine (Varazze), gest. 1298, übernahm die Erzählung in den „Bestseller“ des Mittelalters, die sogenannte Goldene Legende. Verschiedene Motive wurden im Verlauf des Mittelalters hinzugefügt oder ausgestaltet. Am bekanntesten sind Fassungen, deren dramatisierte Handlung in Santo Domingo de la Calzada spielt. Aus den beiden Pilgern wurde eine Familie, die in Santo Domingo de la Calzada in einem Wirtshaus einkehrt. Da der Sohn die Liebe der hübschen Wirtstochter nicht erwidert, versteckt diese einen wertvollen Becher in dessen Gepäck. Es folgt die Verurteilung des Jünglings zum Tod. Vater und Mutter pilgern weiter nach Compostela und erfahren von Jakobus selbst, daß ihr Sohn keinesfalls gestorben sei. Der Richter, dem die Eltern auf der Rückkehr von dem noch lebenden Jüngling am Galgen berichten, brät gerade zwei Hühner und spottet, der Gehenkte lebe ebensowenig wie sein gebratenes Federvieh. Da flattern plötzlich beide Hühner davon und überführen den Richter der Lüge.

Der Kreuzgang des Klosters Santa María la Real in Nájera wurde mit Unterstützung von Karl V. (I.) im 16. Jahrhundert gebaut. In der angrenzenden Kirche befindet sich die Königsgruft, wo unter zahlreichen Grabmälern auch der Sarkophag der Königin Blanca von Navarra (12. Jh.) steht.

Der Hühnerkäfig ist bereits in einer 1350 in Avignon ausgestellten Urkunde erwähnt. Hier werden die Hühner sogar unter den Reliquien der Kathedrale aufgezählt. In Santo Domingo steckten sich die Pilger oft auch zwei oder drei Federn der dort umherlaufenden Hennen an den Hut, wie zum Beispiel im 16. Jahrhundert Marineus Siculus vermerkt. Manche seiner Zeitgenossen fanden es deshalb merkwürdig, daß die Hennen in Santo Domingo bei diesem Brauch überhaupt noch Federn trugen.
Dieses Galgen- oder Hühnerwunder thematisiert zugleich ein Grundproblem, denn die Pilger waren oft den Betrügereien der Wirte ausgesetzt. Aber nicht nur diese Wundergeschichte, sondern eine ganze Predigt im Jakobusbuch kritisiert die Nachstellungen böser und betrügerischer Wirte, Händler, Wechsler und anderer Bösewichte am Weg:
„Was soll ich aber von den schlechten Wirten erzählen, welche die Pilger mit zahllosen Betrügereien täuschen? Wie Judas die Strafe seiner Schuld und der Schächer den Lohn für sein Bekenntnis vom Herrn Jesus Christus während seiner Passion empfing, so werden die schlechten Gastgeber die Strafen für ihre Missetaten in der Hölle, die wahren Pilger jedoch den Lohn ihrer Werke und Mühen im Himmel ernten. Verdammt sind also die bösartigen Wirte des Jakobsweges, die durch zahllose Betrügereien die Pilger ausnehmen. Manche gehen ihnen am Stadtrand entgegen und küssen sie, so als ob sie ihre von weit angereisten Verwandten seien. Was tun sie weiterhin? Sie führen sie in ihre Häuser, versprechen ihnen alle guten Dinge und handeln schlecht. Wem gleichen sie, wenn nicht Judas, der den Herrn mit einem Kuß verriet? Sie reichen ihnen zuerst zum Kosten den besten Wein und verkaufen dann, wenn sie können, den schlechten. Manche verkaufen Apfelwein als Wein, wieder andere verdorbenen als guten Wein (...)“ (Herbers, Jakobsweg, 86).
Abstellen ließen sich die Mißbräuche durch Predigten wohl kaum, aber die Erzählungen – und dies gilt auch für die skizzierte Wundergeschichte von Santo Domingo – schärften das Bewußtsein. Die Warnung vor schlechten Wirten und die Empfehlung guter Häuser kennzeichnen noch den deutschen Pilgerführer von 1495 und gehören bis heute zum Standardrepertoire mündlicher und schriftlicher Pilgerberichte und Reiseführer.

Die Bilder des Altars von Herlin (1466) in der St.-Jakobus-Kirche in Rothenburg ob der Tauber stellen eine der bekanntesten Erzählungen vom Jakobsweg dar: das sogenannte Hühnerwunder. Die Tafel zeigt, wie dem Richter berichtet wird, daß der gehenkte Jüngling lebe. Dieser erwiderte darauf nur, der Pilger lebe so wenig, wie die Hühner, die er nun verspeisen wolle. In diesem Moment erhoben sich die Hühner vom Bratspieß.

Auf dem Streckenabschnitt des Jakobswegs, der durch die heiter und anmutig wirkende Weinlandschaft des Rioja-Gebiets führt, muß das Pilgern zu Fuß eine Freude sein. Im Hintergrund liegt hinter dem Bergrücken Torres del Rio, wo eine oktogonale Kirche zu zahlreichen Spekulationen Anlaß gegeben hat.

Wie ein unendliches Mosaik aus terrassierten Gärten erstreckt sich die Landschaft bei Logroño. Hier, am Oberlauf des Ebro, wird nicht nur der über die Landesgrenzen hinaus bekannte Rioja-Wein angebaut, auch Getreide und Gemüseflächen mischen sich zwischen die Rebenfelder. Im Hintergrund dehnt sich die Stadt Logroño aus.

Die Kathedrale in Burgos gehört neben derjenigen von León zu den beiden großen gotischen Gotteshäusern am Jakobsweg. Sie entstand ab dem 13. Jahrhundert in zwei Bauabschnitten unter Mitwirkung von Baumeistern und Bildhauern aus Burgund, Flandern und dem Rheinland (Hans von Köln). Ihre beiden Türme ragen über 80 Meter in den kastilischen Himmel.

„Nach dieser Landschaft durchquert man den Wald von Oca, und in Richtung Burgos folgt weiterhin das Land der Spanier, das Kastilien und Campos heißt. Gold, Silber und wertvolle Tuche sind reichlich vorhanden, ebenso Pferde, Brot, Wein, Fleisch, Fisch, Milch und Honig; es fehlt jedoch an Bäumen, und die Menschen sind schlecht und lasterhaft" (Herbers, Jakobsweg, 122), heißt es im Pilgerführer des 12. Jahrhunderts. Der Autor, der vielleicht aus Frankreich stammte, zumindest diesem Kulturkreis nahestand, hatte wohl seine Vorbehalte. Ganz ähnlich kritisierte zu Ende des 15. Jahrhunderts Hermann Künig von Vach in seinem deutschsprachigen Pilgerführer einen Spitalmeister in Burgos, der den deutschen Pilgern nicht gewogen sei und sogar einige Pilger vergiftet habe.

Kastilien konfrontiert den Pilger mit der Meseta, mit ausgedehnten dünn besiedelten Ebenen, wo auch kleine Orte wie Hontanas die Pilger zur Rast einladen. Gleichzeitig begegnet man in Kastilien aber auch einem Teil Spaniens, der seit dem 10. Jahrhundert die gesamte Iberische Halbinsel zunehmend prägte. Zunächst war die Grafschaft aus dem Königreich León herausgewachsen, überflügelte später dieses Reich und schuf sich neben dem ersten wichtigen Grafen Fernán González mit Rodrigo Díaz de Vivar (genannt El Cid, von arab. Herr) eine weitere wichtige Identifikationsfigur. Dieser Ritter kämpfte zuweilen auf der Seite christlicher, zuweilen muslimischer Herrscher. Mit Fernán González ist der Cid auf dem Stadttor von Burgos zu sehen. Die Kathedrale, die mit Hilfe deutscher Baumeister errichtet wurde, macht den Pilger nach vielen romanischen Kirchen nun erstmals mit einem großen Werk der in Spanien eher später als im übrigen Europa verbreiteten Gotik bekannt.

Aber bevor man nach Kastilien und in die Meseta gelangt, sind die Berge von Oca zu überqueren, und San Juan de Ortega ist zu besuchen. Auch mit diesem Bergland verbinden sich Traditionen aus dem hohen Mittelalter, hier soll sich folgendes Wunder an Jakobspilgern ereignet haben:

1108 vermählte sich in Frankreich ein Mann, jedoch blieb der Wunsch nach Kindern unerfüllt. Nach einer Pilgerfahrt und den Bitten um Nachwuchs in Compostela wurde seine Frau schwanger und gebar einen Sohn, den sie Jakobus nannte. Als das Kind fünfzehn Jahre alt war, zog es mit Vater und Mutter nach Santiago, erkrankte aber im Oca-Gebirge und starb.

Dann heißt es weiter in der Geschichte: „Die Mutter äußerte ihren Schmerz am heftigsten. Sie war wie von Sinnen und rief den hl. Jacobus mit folgenden Worten an: ‚Heiliger Jacobus, du, dem von Gott die Macht gegeben war, mir einen Sohn zu geben, gib ihn mir jetzt zurück. Gib ihn zurück, denn du kannst es. Tust du es aber nicht, so nehme ich mir auf der Stelle das Leben

Das am Stadtrand von Burgos gelegene Zisterzienserinnenkloster Las Huelgas besticht durch das monumentale Ausmaß seiner Anlage. Es entstand nach der entscheidenden Schlacht gegen die Muslime 1212 bei Las Navas de Tolosa durch eine Stiftung Alfons' VIII. Im Inneren befindet sich auch eine Jakobusstatue mit einem beweglichen Arm zur Erteilung des Ritterschlags.

oder lasse mich lebendig mit ihm begraben.‘ Viele Menschen waren inzwischen zur Begräbnisfeier versammelt. Aber durch Gottes Erbarmen und des seligen Jakobus Fürbitte erwachte da plötzlich der Verstorbene wie aus einem tiefen Schlaf. Ob eines solchen Wunders jubelten die Anwesenden und priesen Gott. Der Knabe aber, der neu zum Leben erweckt war, erzählte allen, wie der selige Jacobus seine vom Leibe getrennte Seele von neun Uhr des Freitags bis zum Nachmittag des Samstags um drei Uhr, also schon in der ewigen Ruhe, erwärmt und sie dann, auf Gottes Geheiß, dem Leib wiedergegeben hatte. Dann, so sagte er, habe er ihn mit dem rechten Arm gestützt und vom Totenbett aufgerichtet und ihm aufgetragen, sich schnell wieder mit seinen Eltern auf den Jakobsweg zu begeben. Der Jüngling sagte weiter, im himmlischen Leben sei es viel schöner gewesen als jetzt in diesem elenden Dasein. Schließlich brach er wieder mit den Eltern zum Grabe des seligen Jacobus auf“ (Herbers, Libellus, 72).

Neben dem lokalen Kolorit wird deutlich, wie direkt die Mutter „ihren“ Heiligen ansprach und von ihm Hilfe einforderte, ja sogar mit dem kirchlich keinesfalls erlaubten Selbstmord drohte! In einem Nachspann der Erzählung wird die Konkurrenz zum hl. Martin deutlich gemacht, der angeblich nach seinem eigenen Tod niemals einen Toten erweckt habe. „Das alles ist neu, und man hat noch nie gehört, daß ein Toter einen Toten erweckt hätte“, eifert der Aufschreiber der Wundergeschichten. Zu einer Rangordnung unter den Heiligen trugen weitererzählte Begebenheiten sicherlich bei!
Kurz hinter den Oca-Bergen liegt der Ort San Juan de Ortega, der nach einem weiteren heiligen Straßenbauer benannt

ist. Der hl. Johannes von Ortega (gest. 1163) war Schüler des hl. Dominikus von der Straße. Nach dessen Tod pilgerte er ins Heilige Land, wurde in Seenot durch Intervention des hl. Nikolaus gerettet, baute eine Nikolauskirche in San Juan de Ortega und gründete mit einigen anderen ein Augustinerstift. Die Brücken in Logroño, Nájera und Santo Domingo gehen wohl auf seine Initiative zurück. Die Gastfreundschaft in San Juan de Ortega, nach der gefährlichen Bergüberquerung, wurde im

Auf dem Jakobsweg zwischen Burgos und Castrojeriz kommen Pilger durch Hontanas, eines der typischen Bauerndörfer in der dünn besiedelten Landschaft der Meseta. Hier finden sie Rast und Stärkung in einer kleinen Herberge.

späten Mittelalter und in der Neuzeit gerühmt: Der italienische Pilger Domenico Laffi lobte die später hier wirkenden Hieronymitenmönche als reich und freigiebig gegenüber den Pilgern. Noch heute kocht der betagte Pfarrer allabendlich mit den Pilgern eine Knoblauchsuppe!

Etwas weiter südlich von Burgos mit gotischer Kathedrale, Hospiz, den Klöstern Miraflores und Las Huelgas, wo eine Jakobusstatue mit mechanischem Arm im späten Mittelalter den Ritterschlag erteilen konnte, liegt ein wichtiger Ort für die Entwicklung von Pilgeridee und Pilgerikonographie: Das Kloster Santo Domingo de Silos ist nicht nur wie San Millán de la Cogolla durch frühe Glossen zur kastilischen Sprache (Glosas Silenses) bekannt, sondern auch durch einen Christus mit Pilgertasche und -muschel, der im Kreuzgang an einem Eckpfeiler abgebildet ist. Wie mag es zu dieser Darstellung im 12. Jahrhundert gekommen sein? Christus wird auf diesem Eckrelief bei seinem Gang nach Emmaus (nach seiner Auferstehung) im Beisein von zwei Jüngern dargestellt. Die biblische Überlieferung (Luk. 24, 18) könnte dazu angeregt haben, Emmausgang und Pilgerschaft miteinander in Bezug zu setzen, denn in der lateinischen Fassung wird Christus als „peregrinus“ angesprochen, was in der klassischen Bedeutung den Fremden, im Mittelalter aber eher den Pilger meinte. Zugleich zeigt die Abbildung, daß im 12. Jahrhundert nicht nur schriftliche, sondern auch bildliche Quellen die Pilgerschaft durch das Emblem der Muschel symbolisierten.

Von Burgos führt der direkte Weg nach Westen durch zahlreiche kleine Orte wie Hornillas und Hontanas, an die der italienische Pilger Domenico Laffi im 17. Jahrhundert keine guten Erinnerungen hatte, denn nach Hontanas kommen die Wölfe „in solchen Mengen, daß, wenn sie kein Lagerfeuer sehen, sie das Vieh fressen, sei es Tag oder Nacht ...". Das wenige Meilen entfernte Castrojeriz verballhornte der deutsche Pilgerführer von 1495 einfach zu „Castelfritz" oder „schloß fritz". Auch hier zieht sich der Pilgerweg fast drei Kilometer lang durch die Ortschaft. In Castrojeriz empfingen im späten Mittelalter Antoniter die Pilger vor der Stadt und betreuten im Spital weitere Kranke. Dieser 1095 gegründete Hospitaliterorden, der den Vereinigungen der Ritterorden ähnelte, pflegte vor allem Kranke, die als Folge des Verzehrs von Mutterkorn an epileptischen Anfällen litten. Deshalb wurde diese Krankheit oft auch als „Antoniusfeuer" bezeichnet.

Westlich des Pisuergaflusses ließ Doña Mayor, die Witwe Sanchos des Großen, ab 1066 in Frómista eine romanische Kirche errichten. Ob frühere Pilger die großartige Architektur wahrnahmen – diese Frage stellt sich auch den Pilgern der heutigen Zeit –, ist fraglich, denn körperliche Erschöpfung ist dem Kunstgenuß nicht eben förderlich. Für die Pilger waren Orte dann besonders wichtig, wenn Heil und Heilung im Vordergrund standen, wie in Villalcázar de Sirga und Carrión de los Condes.

In Villalcázar de Sirga mit der Kirche Santa María la Blanca aus dem 13. Jahrhundert wird weniger Jakobus, sondern die Gottesmutter in besonderer Weise verehrt. Maria wurde hier fast so wichtig wie Jakobus, sie half zuweilen dort, wo Jakobus erfolglos blieb. Als im 13. Jahrhundert König Alfons X., der Weise, Gedichte und Lieder in der galaico-portugiesischen Sprache verfaßte, gehörten hierzu auch die sogenannten Cantigas de Santa María, die sich zum Teil auf Villalcázar bezogen.

Sie lassen erkennen, daß in einer Zeit, als die Verehrung der Jungfrau Maria deutlich zunahm, für den Apostel Jakobus die Zeiten schwerer wurden. Das eine oder andere der im 12. Jahrhundert oft noch der Kraft des Apostels zugeschriebene Wunder sollte nun, im 13. Jahrhundert, vielfach Maria vollbracht haben! Auch Heilige haben ihre Konjunkturen und Förderer!

Im Kreuzgang des ehemaligen Benediktinerklosters San Zoilo in Carrión de los Condes bewundert man vor allem die kunstvoll gestalteten Gewölbe. Die Reliquien des Heiligen, den man hier verehrte, wurden im 11. Jahrhundert aus dem muslimischen Spanien in den Norden transportiert.

Der Arco de Santa María von Burgos kennzeichnet die Stadt als wichtigstes Zentrum Kastiliens. In der Mitte werden verschiedene Helden Kastiliens dargestellt, so z. B. der Graf Fernán González, der im 10. Jahrhundert die Unabhängigkeit einer Grafschaft Kastilien von León gefördert haben soll. Weiterhin entdeckt man den Cid, (eigentlich Rodrigo Díaz de Vivar), jenen als Nationalheld gefeierten Ritter, der 1094 das von den Mauren besetzte Valencia zurückeroberte und der in dem altspanischen Epos „Poema de Mio Cid“ zu unsterblichem Ruhm gelangte.

Ein mit Figuren reich verzierter Sarkophag schmückt die Apside des südlichen Seitenschiffs der Klosterkirche von San Juan de Ortega. Der Name des Gotteshauses geht auf den heiligen Johannes zurück, der an diesem Ort ein Pilgerhospiz sowie ein Kloster gegründet und sich darüber hinaus als Brücken- und Straßenbauer verdient gemacht hat. Er starb 1163 und liegt in der Krypta dieser Kirche begraben.

Der Ort Castrojeriz liegt kurz vor der Überquerung des Río Pisuerga und erstreckt sich wie ein langgezogenes Straßendorf. Schon von Ferne erblickt der Pilger die Stiftskirche Virgen del Manzano, die sich an den Saum eines von den Burgresten bekrönten Hügels lehnt. Der Ortsname gab offensichtlich manchen deutschen Pilgern Anlaß, ihn zu verballhornen. So finden wir im Pilgerführer des Hermann Künig von Vach Castrojeriz als „Castelfritz" oder „Schloß Fritz" bezeichnet.

Ausschnitt einer Reliefplatte im Kreuzgang von Santo Domingo de Silos, die Christus mit Pilgertasche und Jakobsmuschel darstellt und damit als Pilger charakterisiert. Die Arbeit aus dem 11./12. Jahrhundert thematisiert den Gang nach Emmaus: Der von den Toten auferstandene Jesus trifft auf zwei seiner Jünger, die ihn zunächst nicht erkennen. Der Steinmetz, der das Werk geschaffen hat, blieb unbekannt; man vermutet jedoch, daß er zu der sogenannten „ersten Werkstatt" gehörte, die am Bau dieses Kreuzgangs beteiligt war.

Wenn der Pilger Sahagún erreicht, betritt er zugleich das alte Königreich León, dessen Name sich mit den Anfängen des christlichen Spanien verbindet. Angeblich waren die Muslime nach der Eroberung großer Teile der Iberischen Halbinsel weiter nördlich, bei Covadonga in Asturien, erstmals 721/722 geschlagen worden. Das christliche Asturien expandierte schon im 9. Jahrhundert, und zu Beginn des 10. Jahrhunderts wurde die Hauptstadt von Oviedo in die alte Römerstadt León (Legio VII Gemina) verlegt. León hieß auch das Reich, das erst 1230 endgültig mit dem erstarkten Kastilien vereint wurde. Besonders das weiter nördlich gelegene Asturien verbindet viel mit den Anfängen der sogenannten Reconquista, der Rückeroberung, die dann später von León, aber auch von Kastilien und Aragón weitergeführt wurde. Deshalb gab es Pilger, die auf ihrem Hin- oder Rückweg das Marienheiligtum in Covadonga und Oviedo besuchten.

Vor León, in Sahagún, wird der Einfluß der muslimischen auf die christlich geprägte Kultur Spaniens deutlich. Dies spiegeln vor allem die im sogenannten Mudejarstil errichteten Gotteshäuser wider. Noch frühere Stilelemente mit westgotischen oder mozarabischen Einflüssen bietet das nördlich von León gelegene San Miguel de la Escalada. In Sahagún wurde das Kloster der heiligen Facundus und Primitivus – Facundus bietet die Grundlage für den Ortsnamen – durch Muslime zerstört, aber 904 neu errichtet, nachdem einige Mönche aus Córdoba hierher geflohen waren. Später wollten manche es anders erklären. Die schon für Roncesvalles wichtige epische Dichtung brachte auch hier Karl den Großen ins Spiel: Er habe das Kloster neu erbaut, als er gegen die Muslime gekämpft habe. Und angeblich – wie ein Relief auf dem Aachener Karlsschrein um 1215 bildlich festhält –, sollen sich sogar an den Ufern des Flusses Cea Lanzen mit Blättern belaubt haben, um diejenigen Kämpfer Karls zu bezeichnen, die in der Schlacht von Sahagún gegen die Muslime sterben würden.

In Sahagún lag seit dem 11. Jahrhundert eines der wichtigsten Cluniazenserklöster auf der Iberischen Halbinsel. Die Tochterklöster der burgundischen

Die Bischofsstadt Astorga geht auf römische Ursprünge zurück (Asturica Augusta). Noch heute künden die römischen Stadtmauern von dieser Zeit; die Kathedrale und vor allen Dingen das Bischofspalais haben jedoch neue Akzente gesetzt. Der berühmte katalanische Architekt Antonio Gaudí hat den Bischofspalast in den 30er Jahren des 20. Jahrhunderts geschaffen.

Reformabtei von Cluny sollen – wie das Mutterkloster auch – insbesondere Reformideen im 11. Jahrhundert auf die Iberische Halbinsel gebracht haben. Außerdem glaubte man lange, daß Cluniazenser die Pilgerfahrten nach Compostela maßgeblich organisiert und gefördert hätten. Heute weiß man, daß auch andere Gemeinschaften hieran Anteil hatten. Da aber die Klostergemeinschaft von Sahagún offensichtlich im 11. und 12. Jahrhundert ähnlich wie die Ansiedlung selbst „international" zusammengesetzt war, dürften Pilger in Stadt und Kloster leicht Unterkunft und Hilfe gefunden haben.

León mit der gotischen Kathedrale war als alte Königsstadt bedeutender. Auch von hier aus waren im 11. Jahrhundert Beziehungen zum südlichen, muslimischen Spanien geknüpft worden. So wurde der bekannte Kirchenlehrer Isidor von Sevilla, der in vielen seiner Werke antikes Wissen für die Rezeption im Mittelalter aufbereitet hatte, seit 1063 in León verehrt. In diesem Jahr brachte man seinen Leichnam nach Norden. Der älteste Bericht verzeichnet, daß sich der muslimische Herrscher in Sevilla vor dem Abtransport auf den Sarkophag geworfen, geseufzt und gesagt haben soll, wie sehr die Sache Isidors auch immer die seine gewesen sei. Mit den Reliquien des Kirchenvaters waren nun in León alte westgotische Traditionen präsent. Diese Rückbesinnung auf das einheitliche christliche Westgotenreich des 6. und 7. Jahrhunderts wird deutlich in der künstlerischen Gestaltung und der verwendeten Symbolik der neuen Ruhestätte im Pantheon der Könige in León. Schon bald nach dieser Reliquienübertragung wurden Jakobus und Isidor in manchen Schriften aufeinander bezogen, um zu belegen, daß die apostolischen Traditionen in Spanien hinter Rom nicht zurückstehen müssen. Eine Quelle vergleicht den Apostel Petrus und Papst Gregor den Großen mit dem Apostel Jakobus und Isidor. Diese Parallelisierung verdeutlicht, wie sehr man sich römischen Traditionen ebenbürtig fühlte. Der Pilgerführer des 12. Jahrhunderts zählt die Reliquien des hl. Isidor zu den wenigen, die Pilger in Spanien unbedingt besuchen müssen. Die später als der Pantheon entstandene Marienkathedrale mit ihren berühmten Glasfenstern wurde am Ende des 12. Jahrhunderts begonnen und ersetzte die alte romanische Kirche. 1151 stiftete die Infantin Doña Sancha das Hostal San Marcos. Der heutige Komplex stammt jedoch aus dem 16. Jahrhundert.

Westlich von León liegt Puente Orbigo mit einer äußerst langen Brücke über zwei Flüsse. Auf dieser soll der Adelige Suero de Quiñones 1434 dreißig Tage lang mit neun Rittern gegen 68 Kämpfer aus Frankreich, Italien, Deutschland, Portugal und Spanien siegreich geblieben sein („Paso honroso"). Pilger- und Adelswelt konnten eng beieinander liegen, wie die Pilger- bzw. Reiseberichte des 15. Jahrhunderts belegen, die von Aufenthalten an Höfen, Turnieren und Reliquienbesuchen berichten.

Astorga geht wie viele Städte des an Edelmetallen reichen Gebietes auf eine römische Gründung zurück (Asturica Augusta). Die Stadtmauern aus dem 3. Jahrhundert nach Christus versetzen noch heute den ankommenden Pilger in diese Zeit. Mit der Kathedrale und dem von Antonio Gaudí geschaffenen Bischofspalast in der Nähe der Mauern liegen hier Antike, Mittelalter und das 20. Jahrhundert in unmittelbarer Nachbarschaft.

Der anschließende Anstieg zu den Montes de León gehört zu den mühsamsten Paßüberquerungen, und schon Hermann Künig warnt in seinem Pilgerführer von 1495: „hüte dich vor dem Rabanal". Erst in heutiger Zeit werden die verlassenen Orte und Landschaften als idyllisch empfunden. Auf der Höhe kurz vor Manjarín passieren die Pilger das „Cruz de Ferro (Hierro)" (Eisenkreuz), umgeben von einem großen Steinhügel. Dort legten und legen die Gläubigen – vielleicht schon nach antiker Sitte – einen Stein nieder. Der Überlieferung zufolge steht der Stein als Symbol der Sorgen, die der Pilger von zu Hause mitnimmt und dort ablädt. Es war dies zugleich der Punkt, an dem von Osten aus gesehen die Landschaft des fruchtbaren Bierzo beginnt.

Wie in früheren Zeiten steigen auch heute die Pilger zum sogenannten Eisenkreuz (Cruz de Hierro) an, das auf den Berghöhen der Montes de León steht. Dort hinterlassen sie nach altem Brauch einen Stein, den sie vor dem Berganstieg aufgelesen oder gar von zu Hause mitgebracht haben als Symbol für die Sorgen, die sie mit sich tragen und mit diesem Ritual ablegen.

Die Kathedrale von León gehört neben derjenigen von Burgos zu den gotischen Spitzenleistungen auf der Iberischen Halbinsel. Von Scheinwerfern angestrahlt, steht sie da wie eine Symphonie aus Licht und Stein – ein Augenzauber, der keinen unberührt läßt, der dies in einer Sommernacht erlebt hat. In diesem zwischen Mitte des 13. und Ende des 14. Jahrhunderts geschaffenen Bau zeigt die Gotik den Reichtum ihrer Gestaltungsmöglichkeiten.

Zwischen León und dem weiter westlich gelegenen Landstrich El Bierzo durchzieht der Jakobsweg die Berghöhen der Montes de León. Dieser Streckenabschnitt gehört zu den schönsten, aber auch zu den anstrengendsten; der Paß, den der Pilger überwinden muß, liegt auf 1532 Meter Höhe. Doch in der vorsommerlichen Zeit, wenn die Berghänge von einem Blütenmeer überzogen sind und einen betörenden Duft verströmen, werden die Mühen des ansteigenden Weges für eine Weile vergessen sein.

Die Angst vor den Bergüberquerungen, die Einsamkeit, die für viele heute den besonderen Reiz der Landschaft ausmacht, wurden von Pilgern im Mittelalter eher als Bedrohung denn als Herausforderung empfunden. Wegelagerer und Überfälle gehörten zu den schlimmsten Gefahren, die jeder Reisende zu gewärtigen hatte. Ebenso machte fehlende Orientierung das Fortkommen zu einem Abenteuer mit unsicherem Ausgang. Hier gewannen Pilgerkreuze und Wegzeichen ihren besonderen Sinn.

Der Weg über die Berge von León durch den heute verlassenen Ort Manjarín, das enge Dorf El Acebo, dessen Häuser durch die Schieferdächer hervorstechen, und weiter über Molinaseca in das sogenannte Bierzo hinein führt zunächst nach Ponferrada mit seiner das Stadtbild beherrschenden Templerburg. In der Nähe befinden sich die „Medulas" (Hügel mit Stollen und Gängen), aus denen die Römer dank einer durchaus fortschrittlichen Durchflutungstechnik Edelmetalle abbauten und dadurch eine unwirtliche Landschaft hinterließen. Die Römerstraße, der der bisher verfolgte Camino francés weitgehend entsprach, führte von hier nicht nach Compostela, das in Römerzeit noch nicht bestand, sondern weiter bis in das noch heute von römische Mauern umfaßte Lugo (Lucus Augusti). Deshalb trennt sich die Wegführung des Camino francés ab der Paßhöhe des Cebreiro von der Römerstraße.

Bevor der Pilger sein „Gelobtes Land", nämlich die Provinz Galicien erreicht, muß er, nachdem er die Montes de León überwunden hat, noch eine weitere Bergkette überqueren. Die San-Rochus-Höhe, wo ein monumentales Pilgerdenkmal steht, bietet eine herrliche Aussicht.

Ebenso wie die Überquerung der leonesischen Bergkette dürfte der Weg von Ponferrada über den Cebreiropaß nach Galicien manche Pilger vielfach sogar mehr als die Pyrenäenüberquerungen angestrengt haben. Ein deutsches Pilgerlied, das im 15. Jahrhundert aufgezeichnet wurde, kündet in drei Strophen von den Bergüberquerungen:

10. Is ligen fünf berg im welschen lant,
die seint uns pilgram wolbekant:
Der erst haist Runzevalle
(Roncesvalles),
und welcher bruoder darüber get,
sein backen werden im schmale.

11. Der andere haist der Monte
Christein (Santa Cristina),
der Pfortenberk (Puerto San Adrian)
mag wol sein bruoder sein,
sie seint einander vast gleiche,
und welcher bruoder darüber get
vordient das himmelreiche.

12. Der vierte haist der Rabanel
(Rabanalpaß),
darüber laufen die brueder und
schwester gar schnel,
der fünfte haist in Alle Fabe
(Cebreiro-Paß),
da leit vil manches bidermans kint
auß teutschem lant begraben.

Der letzte Berg wird besonders hervorgehoben: Viele deutsche Pilger lagen hier begraben. Schon allein deshalb mag es vielleicht zutreffen, daß die „Puerta de Perdón“ an der Kirche von Villafranca nach einer lokalen Tradition den schwachen und kranken Pilgern die gleichen spirituellen Gnaden zuteil werden ließ, wie sie diese in Compostela erhielten.

Auf dem Cebreiro oder dem Alle Fabe (bzw. Allefaber; nach dem Ortsnamen La Faba), wie das Pilgerlied diesen Paß nennt, konnten die Pilger in den noch heute teilweise erhaltenen „pallozas“ (mit Stroh gedeckten Rundbauten) nächtigen. Der Abstieg und der Weg durch die Orte Triacastela, Barbadelo, Portomarín führt über Melide und Arzúa zum Monte do Gozo (*Mons Gaudii*, Berg der Freude), von dem aus die Pilger erstmals die Apostelstadt erblickten. Der Name des Berges erinnert an jene Erhebungen, die sich vor den Toren Jerusalems und Roms befinden. Offensichtlich wollte man auch in der Terminologie diesen beiden wichtigen Pilgerzielen ebenbürtig sein!

Die Rituale in Santiago de Compostela und seiner Kathedrale waren vielfältig. Eine Predigt aus dem 12. Jahrhundert schildert die üblichen Nachtwachen:

„Mit übermäßiger Freude bewundert man die Pilgerscharen, die beim ehrwürdigen Altar des hl. Jakobus Nachtwache halten: Die Deutschen weilen auf der einen Seite, die Franken auf der anderen, die Italer schließlich auf der dritten; sie stehen in Gruppen und halten brennende Kerzen in den Händen, so daß die ganze Kirche wie durch die Sonne an einem hellen Tag erstrahlt. Nur mit seinen Landsleuten vollzieht jeder die Nachtwache. Manche spielen Leier, Lyra (...); manche singen – von verschiedenen Musikinstrumenten begleitet – während der Nachtwache; manche bedauern ihre Sünden, lesen Psalmen oder geben den Blinden Almosen.

Man hört dort die verschiedensten Sprachen, verschiedene Stimmen in fremden Sprachen, Gespräche und Lieder der Deutschen, Engländer, Griechen und der anderen Stämme und Völker auf dem gesamten Erdkreis. (...) Wer traurig herkommt, zieht froh zurück. (...) Alle Tage und Nächte gleichen einem ununterbrochenen Fest in steter Freude zur Ehre des Herrn und des Apostels. Die Türen dieser Basilika bleiben Tag und Nacht unverriegelt, und die Dunkelheit kehrt doch niemals ein, weil sie durch das helle Licht der Kerzen und Fackeln wie am Mittag leuchtet. Dorthin begeben sich Arme, Reiche, Räuber, Reiter, Fußgänger, Fürsten, Blinde, Gelähmte, Wohlhabende, Adlige, Herren, Vornehme, Bischöfe, Äbte, manche barfuß, manche mittellos, andere zur Buße mit Ketten gefesselt.

Manche, wie die Griechen, tragen ein Kreuz in ihren Händen, andere geben ihre Habe den Armen, andere bringen Eisen oder Blei zum Bau der Kathedrale des Apostels mit, wieder andere tragen auf den Schultern Ketten oder Handfesseln, von denen sie durch den Apostel aus den Gefängnissen der Tyrannen befreit wurden; so üben sie große Buße und beklagen ihre Missetaten. Dies ist das erwählte Geschlecht, das heilige Volk Gottes“ (Herbers, Jakobsweg, 72–74).

Zu den Riten gehörte auch die Umarmung des Jakobusstatue oder die Auszeichnung der deutschen Pilger mit einer Krone, die in den Compostelaner Statuten erstmals im 13. Jahrhundert verzeichnet wird. Ob die Darstellungen an den Portalen (Platerías und Pórtico de la Gloria) die Pilger beeindruckten, ist weniger bekannt. Der Pilgerführer des 12. Jahrhunderts beschreibt allerdings alle Portale und das Innere der Kirche. Zum heute noch unveränderten Südportal (Puerta de las Platerías) bemerkt er:

„Das Südportal der Basilika des Apostels besitzt, wie wir schon erwähnt haben, zwei Eingänge und vier Türen. Am rechten Eingang außen, in erster Reihe über den Türen, ist der Verrat des Herrn in wunderbarer Weise dargestellt; dort wird der Herr von den Händen der Juden an einen Pfeiler gebunden; dort wird er mit Peitschen geschlagen; dort sitzt Pilatus auf dem Stuhl, gleichsam als sein Richter. Darüber ist

Die Behausungen des 1250 Meter hoch gelegenen Dorfs Cebreiro sind traditionell als Rundbauten angelegt, die mit Stroh gedeckt wurden (pallozas). Sie lassen gut erkennen, wie man auch die Hütten dem rauhen Klima auf den Berghöhen anpaßte.

in zweiter Reihe die selige Maria, die Mutter des Herrn, mit ihrem Sohn in Bethlehem dargestellt, sowie die drei Könige, die kommen, um den Knaben mit seiner Mutter zu sehen; sie schenken ihm ihre dreifache Gabe; auch der Stern ist dargestellt und der Engel, der sie ermahnt, nicht zu Herodes zurückzukehren.

Auf den innersten Gewändepfeilern dieses Eingangs stehen zwei Apostel, gleichsam als Torwächter, einer rechts, der andere links. Ebenso sind am anderen, dem linken Eingang, auf den innersten Gewändepfeilern zwei weitere Apostel zu sehen. In die erste Reihe über den Türen dieses Eingangs hat man die Versuchung des Herrn gemeißelt; vor dem Herrn sieht man häßliche Engel, gleichsam Ungeheuer, die ihn auf die Zinne des Tempels stellen; einige bieten ihm Steine an und fordern ihn auf, daraus Brot zu machen, andere zeigen ihm die Reiche der Welt und geben vor, sie ihm zu schenken, wenn er niederfällt und sie anbetet, was er von sich weist. Aber andere, reine Engel, die guten, sind hinter seinem Rücken und über ihm, und dienen ihm mit Weihrauchfässern. (...)

Der Pórtico de la Gloria an der Westfassade der Santiago-Kathedrale läßt deutlich erkennen, wie der Apostel Jakobus als Mittler zur himmlischen Herrlichkeit auf der Mittelsäule angesehen wird. Im Halbkreis befinden sich die 24 Ältesten um den thronenden Christus versammelt. Er ist von den vier Evangelisten – Lukas, Matthäus, Markus und Johannes – und den Engeln mit den Leidenswerkzeugen umgeben.

Es darf auch nicht in Vergessenheit geraten, daß eine Frau neben der Versuchung des Herrn steht; sie hält in ihren Händen das stinkende Haupt ihres Versuchers, das von ihrem eigenen Ehemann abgeschlagen wurde; zweimal am Tag küßt sie jenes Haupt, von ihrem Mann dazu gezwungen. Oh welch ungeheure und bewundernswerte Gerechtigkeit für die ehebrecherische Frau; man sollte sie allen erzählen!

In der oberen Reihe über den vier Türen, zur Empore der Basilika hin, leuchtet aus dem Stein eine wunderbare Reihe aus weißem Marmor: aufrecht steht dort der Herr und zu seiner Linken der hl. Petrus mit den Schlüsseln in der Hand; auf der rechten Seite sieht man den seligen Jakobus zwischen zwei Zypressenbäumen und neben ihm seinen Bruder, den hl. Johannes. Rechts und links davon befinden sich die übrigen Apostel. Oben und unten, rechts und links hat man die Wand herrlich verziert mit Blumen, Menschen, Heiligen, Tieren, Vögeln, Fischen und anderen Kunstwerken; wir können sie nicht alle beschreiben. Doch zu erwähnen sind vier Engel über den Torbögen; jeder bläst eine Posaune, um den Tag des Gerichts zu verkünden" (Herbers, Jakobsweg, 167–169).

Die erste Nacht verbrachten viele Pilger häufig in der Kathedrale, die seit 1075/78 als großes romanisches Gotteshaus errichtet wurde und heute durch die Barockisierung teilweise verändert ist. Hospize und Hospitäler sind in Compostela seit dem 10. Jahrhundert erwähnt. Auch kommerzielle Gastlichkeit scheint sich seit dem 12. Jahrhundert zunehmend etabliert zu haben. Schon das Jakobsbuch berichtet im 12. Jahrhundert von Wirten, die mit falschen Versprechungen Pilger in ihre Unterkünfte zu locken suchten, und auch der Nürnberger Arzt Hieronymus Münzer, der 1494/95 in Compostela weilte, meinte, die Bevölkerung lebe vor allem davon, den Pilgern das Geld aus der Tasche zu ziehen.

„Die Stadt ist nicht groß, aber alt und mit einer sehr guten alten Umwallung und zahlreichen und starken Türmen befestigt. Das Land ist freilich gut, und die Gärten der Stadt sind voll mit Apfelsinen-, Zitronen-, Apfel-, Pfirsich-, Pflaumen- und anderen Fruchtbäumen. Aber das Volk dort ist schmutzig (sie haben mehrere Schweine, die billig verkauft werden) und faul; es kümmert sich weniger um die Bearbeitung des Bodens, sondern lebt hauptsächlich vom Gewinn an den Pilgern (...)" (Herbers, Plötz, Nach Santiago zogen sie, S. 143).

Besonders eindrucksvoll erhebt sich heute noch neben der Kathedrale das von den Katholischen Königen Ferdinand und Isabella im 15. Jahrhundert errichtete Hospital (Hostal de los Reyes católicos). Das Königspaar habe angeblich die unzureichenden Möglichkeiten in Compostela erkannt, wie eine Papsturkunde vom 27. Juli 1487 erläutert. Für die Errichtung eines großen neuen Hostals wurde dann am 5. Mai 1492 der dritte Teil der nach der Eroberung des Reiches von Granada für Santiago bestimmten „Votos" (Abgaben) abgezweigt. Die Fertigstellung zog sich allerdings bis ins 16. Jahrhundert hin.

Am Zielort erwarben die Pilger die bekannte Jakobsmuschel, die an den Mantel geheftet wurde. Sie bürgerte sich als Symbol der Jakobuspilgerschaft ein und bildete so eine Art Pendant zur Palme der Jerusalempilger. Im Jakobsbuch wird die Muschel gerühmt als ein Zeichen, das die guten Werke versinnbildliche. Die beiden Schilde, die das Innere jeder Muschel schützten, bezeichneten die beiden Gebote der Nächstenliebe: Gott und den Nächsten zu lieben. Diese Muscheln wurden – ähnlich wie andere Pilgerzeichen – in der Regel bei der Kathedrale verkauft, heute meist in kleinen einschlägigen Läden. Nur im Einzelfall dürften sich Pilger selbst mit Muscheln versorgt haben. Ob das für diejenigen gilt, die nach Finis Terrae, an das Ende der damals bekannten Welt, gingen? Erst im späten Mittelalter wird von diesem Brauch berichtet, so in dem schon soeben zitierten Pilgerlied:

Sih bruoder, su solt nit stiller stan!
Vierzig meil hastu noch zu gan
wol in sant Jacobs minster,
vierzehen meil hin hinter baß
zu einem stern haist Finster.

Auch hier – ebenso wie in weiteren Berichten – heißt *Finis Terrae* nicht Ende der Welt, sondern verballhornt: Finsterer Stern. Offensichtlich wurde dieser Besuch seit dem 15. Jahrhundert wichtig. Manche Pilger berichten auch von dem Marienheiligtum in Muxia. Dort liege – so der Augsburger Sebastian Ilsung in der Mitte des 15. Jahrhunderts – ein Mast, der 15 Klafter lang sei und den sogar 20 Ochsen nicht vom Fleck bewegen könnten. Auch der Weg nach El Padrón, wo der Apostelleichnam per Schiff angekommen sein soll, ist hauptsächlich von Reisenden beschrieben, die ohnehin – weil sie nicht nur Pilger waren, sondern auch andere Geschäfte verfolgten – in Richtung Portugal unterwegs waren.

Der Heimweg der Pilger – heute oft mit Zug oder Flugzeug – war im Mittelalter sicher mindestens so hart wie der Hinweg, bot aber auch die Möglichkeit, in den Herbergen andere über die Gefahren der Strecke zu informieren. Die Erfahrungen, welche die Pilger auf ihrem Weg gemacht hatten, flossen in ihre Berichte ein und hinterließen in ganz Europa und darüber hinaus Spuren. Wenn beispielsweise der Trierer Bürger Wilhelm nach seiner Rückkehr eine Bruderschaft dem Schutz des hl. Jakobus unterstellte, so beweist das, wie sehr die rückkehrenden Pilger von dem, was sie erlebt hatten, beeindruckt waren und wie sehr sie ihren Pilgerpatron auch weiter verehren wollten.

Die Puerta Santa an der Südseite der Kathedrale wird nur in einem sogenannten Heiligen Jahr geöffnet, wenn der 25. Juli, der Tag des Apostels, auf einen Sonntag fällt. Dann ist es Brauch, daß der Pilger die Kathedrale durch diese Heilige Pforte betritt.

Als „Las Médulas“ bezeichnet man eine bei Ponferrada gelegene Gegend, die schon von den Römern zum Abbau von Gold genutzt wurde. Durch das Treiben von Stollen und Gängen sowie die Durchflutung mit Wasser wurden die Bodenschätze in den Bergen abgebaut und dann zumeist nach Osten über den heutigen Jakobsweg transportiert. Die von den Römern angewandten Verfahrensweisen hinterließen in dieser Gegend eine Art Mondlandschaft.

Der Blick vom Alameda-Park auf die Kathedrale von Santiago de Compostela gehört mit zu den eindrucksvollsten Ansichten. Gleichzeitig läßt er erkennen, daß die Kathedrale auf einem Hügel gebaut ist. Den beiden Türmen der Westfassade vorgelagert ist ein großer Platz, der von monumentalen Bauwerken – dem Pazo de Raxoi, dem Königlichen Hospital (heute Parador) und dem Colegio de San Jerónimo – umsäumt wird. Im Vordergrund des Bildes erkennt man Gebäude, die heute durch die kommunale Verwaltung genutzt werden.

Westlich von Santiago, am Atlantik, liegt der Ort Muxia, der neben El Padrón und dem Kap Finisterre zuweilen auch von Pilgern aufgesucht wurde. Ein aus Augsburg stammender Patrizier besuchte den Ort im 15. Jahrhundert und hob die wundertätigen Werke der dort verehrten Virgen de la Barca hervor. Einer Legende zufolge soll an dieser Stelle die heilige Jungfrau in einer Barke dem Meer entstiegen sein, um dem Apostel Jakobus bei seiner Missionsarbeit beizustehen.

Nach der Reformation gingen die Pilgerfahrten aus verschiedenen, keinesfalls nur religiösen oder konfessionellen Gründen zurück, bis der Kult in der zweiten Hälfte des 20. Jahrhunderts eine Renaissance erlebte, die ihresgleichen sucht. In den letzten Jahren sollen etwa 200 000 Menschen jährlich den Weg wenigstens teilweise zu Fuß gemacht haben; noch größer ist sicher die Zahl derer, die ihn motorisiert zurücklegen. Eine Protorenaissance setzte aber schon früher ein. 1589 waren die Gebeine des Apostels aus Angst vor Sir Francis Drake versteckt worden. Die Stelle, an der die Überreste des Apostels nun lagen, geriet in Vergessenheit. 1879 suchte man auf Initiative des Kardinals Payá y Rico (gest. 1886) durch eine neue Ausgrabung die Ruhestätte der Jakobusgebeine sicherzustellen. Papst Leo XIII. bestätigte die Ergebnisse mit der Bulle „Deus omnipotens“ vom 1. November 1884. Yves Bottineau spricht in diesem Zusammenhang von der zweiten Auffindung des Jakobusleichnams. Nur zwei Monate später – und somit war der Termin der päpstlichen Bestätigung vielleicht absichtlich gewählt – begann das Heilige Jahr 1885, zu dessen Feier wieder – wenn auch in geringer Zahl – Pilger aus ganz Europa nach Compostela kamen.

Während der Zeit des Franco-Regimes avancierte der hl. Jakobus zum Nationalpatron. Der Jakobustag wurde als Nationalfeiertag wieder aufwendig begangen. Dies führte durch die in der Kathedrale vorgetragenen Widmungen an den Apostel (Ofrendas de la nación) teilweise zu einem sehr engen Schulterschluß zwischen Staat und Kirche. Aber schon in den letzten Jahren der Franco-Herrschaft schoben sich kontinuierlich auch die europäischen Dimensionen des Jakobuskultes in den Vordergrund. Im Heiligen Jahr 1971 kamen die meisten Pilger zwar noch aus Spanien, aber maßgebliche, auch politische Kräfte bemühten sich bereits um eine europäische Öffnung, wie das vom Tourismusministerium herausgegebene große Werk „Santiago en España, Europa y America“ belegt. Nach dem Tod Francos 1975 und der anschließenden Demokratisierung Spaniens verstärkten sich diese Tendenzen, die zuvor im europäischen Rahmen durch ein neues Forschungsinteresse mit angestoßen und vorbereitet worden waren.

Besonders seit dem Beitritt Spaniens zur europäischen Gemeinschaft 1986 sahen spanische Politiker vor allem im Jakobsweg eine europäische Straße, die schon im Mittelalter die verschiedensten Völker Europas vereinigt und miteinander in Kontakt gebracht habe. Damit wurde ein wichtiger kultureller Beitrag Spaniens zu Europa immer wieder ins Spiel gebracht. Ein Expertenkomitee des Europarates organisierte eine Ausstellung in Gent und nutzte so die inzwischen erarbeiteten wissenschaftlichen Ergebnisse der Jakobusforschung. Der Europarat stellte in einem Großereignis, dem ein entsprechender Kongreß in Schloß Schney 1988 folgte, die Pilgerwege als europäische Kulturstraßen vor. Diese Grundüberzeugung teilen noch heute viele Europaparlamentarier, und in Straßburg gibt es eine internationale Abgeordnetengruppe, die sich regelmäßig über Fragen des Weges austauscht und Wissenschaftler zu Vorträgen einlädt. Fast gleichzeitig begann aber auch von kirchlicher Seite und aus Zusammenschlüssen von Pilgern, Wissenschaftlern und anderen Personen die gemeinsame Arbeit für den Weg, der im wesentlichen erst seit den 1980er Jahren in europäischem Maße wieder begangen wurde. In Deutschland gibt es seit 1987 die Deutsche St. Jakobusgesellschaft, die sich als größter Zusammenschluß dieser Art um die Anliegen der Pilger, die kulturelle Zusammenarbeit und die wissenschaftliche Erforschung (mit eigener wissenschaftlicher Buchreihe von bisher 17 Bänden) verdient gemacht hat.

Nachdem die Wege und Wegführungen vor allem in Spanien durch diese Aufmerksamkeit wieder an Gewicht gewannen – manche Kommune am Weg sich auch so durch Subventionen und private Hilfen „modernisieren“ konnte –, blieb weiteres internationales Interesse nicht aus, denn 1993 erklärte die UNESCO den Weg sogar zum Weltkulturerbe. Nicht nur ein Ort, sondern ein ganzer Weg wurde so in den Reigen der hohen kulturellen Auszeichnungen integriert. Das Jahr war gut gewählt, denn die sogenannten Heiligen Jahre 1993 und 1999 brachten für die Pilgerwege einen großen Durchbruch. Sie wurden nicht nur von kirchlicher Seite propagiert, sondern erstmals wurde das Jahr 1993 von der galicischen Landesregierung (Xunta de Galicia) als sogenanntes Xacobeo bezeichnet und mit großem Erfolg bekannt gemacht. Ein eigenes internationales Expertenkomitee trifft sich hierzu seither viermal jährlich, organisiert Ausstellungen und internationale Kongresse, koordiniert Wünsche und Bedürfnisse am Weg. Besuche des Papstes, internationale Treffen, Konzerte und weitere Aktivitäten unterstützten diesen Prozeß.

Diese Heiligen Jahre werden anders als in Rom immer dann begangen, wenn der Jakobustag, der 25. Juli, auf einen Sonntag fällt. Am Silvestertag vor dem bevorstehenden Heiligen Jahr öffnet der Erzbischof von Santiago die Heilige Pforte mit einem Hammerschlag: Dann bleibt die Tür im Osten für die Dauer eines Jahres geöffnet und wird von Pilgern durchschritten, die bei weiteren religiösen Übungen auch heute noch in diesen Jahren besonderer Gnaden teilhaftig werden können.

Neben wissenschaftlicher Erforschung und politischer Förderung nimmt das Pilgern nach Santiago in jüngster Zeit aber nicht nur in diesen besonders herausgehobenen Jahren zu. Bus- und Autofahrer, aber auch Fußpilger streben in immer größerem Maße wieder in das nordwestliche Spanien. In Santiago stellt das Domkapitel eine Urkunde (die sogenannte Compostela) aus, wenn mindestens 100 Kilometer zu Fuß, beziehungsweise 200 Kilometer per Fahrrad oder Pferd zurückgelegt wurden. Dies ist zunehmend leichter möglich, weil inzwischen auch die Infrastruktur mit günstigen Herbergen (refugios) die Fußpilgerschaft sehr gut möglich macht.

Und trotzdem bleibt die Frage, warum sich so viele auf den Weg machen. Warum steigen Personen oft für mehr als vier Wochen aus ihrem Alltag aus, um in Spanien von den Pyrenäen bis ans galicische Meer zu laufen? Bricht man in Deutschland auf, so sind es oft mehr als 2500 Kilometer. Das bedeutet, daß diese Pilger zehn oder zwölf Wochen unterwegs sind. Dazu gehört es, sich auf das Wesentliche zu beschränken, nur mit einem Minimum an Gepäck auszukommen. Warum nächtigen sie in quietschenden Etagenbetten, an denen durchgeschwitzte Kleider hängen? Manchmal gleichen die „refugios" kurz nach der Ankunft der Pilger einem Lazarett: Blasen werden aufgestochen, Salben, Jod und Hirschtalg ausgepackt. Und dann die Nächte ... Ein Pilgerbericht aus dem Jahre 2002/2003 spricht von der „großen Nachtmusik" in den Herbergen und meint das Schnarchkonzert: „Diese wundervolle Musik in meinen Ohren, der vergangene Tag nochmals vor meinen Augen, der abendliche Pilgerwein im meinem Kopf, alles verbindet sich in Harmonie, flutet in mein Unterbewusstsein, in meine Seele hinüber, ich bin entspannt und schlafe ein" (Dannhäuser, S. 20). Werden die Entbehrungen und Leiden fast schon wieder zum Erlebnis für die weitgehend durchgeplanten Lebensabläufe unserer Zeit? Oder machen die vielfältigen Begegnungen mit Gleichgesinnten die Mühen erträglich? Denn auf dem Pilgerweg und in den „refugios" finden sich Personen aus allen Ländern Europas und anderer Kontinente. Es sind nicht mehr nur Christen, sondern auch Muslime oder Juden oder Angehörige anderer Religionen vertreten. Stützen sie sich gegenseitig bei ihrer Suche nach Sinn und Erfüllung? Folgen sie alle einem inneren Antrieb?

Die statistischen Erhebungen in Compostela lassen erkennen, daß die meisten dieser Fußpilger unter 30 Jahre alt sind. Und nach ihren Motiven in Compostela befragt, geben viele von ihnen religiöse Gründe für ihr Unterwegssein an. Aber beobachtet man sie auf den Wegen und in den Herbergen, so scheinen oft neben wichtigen Gesprächen auch das allgemeine Gruppenerlebnis und die Möglichkeiten, Gleichgesinnte zu treffen, wichtig zu sein. Neue Erfahrungen mit diesem Weg, der Kultur, Spiritualität, Gespräch und Schweigen, Hören und Schauen, Mühsal und Freude gleichermaßen bietet, dürften die

Zwischen Astorga und Ponferrada taucht der Wanderer in eine wildwüchsige, macchiaähnliche Landschaft ein, die nur wenig besiedelt ist und deshalb gerade in früheren Jahrhunderten bei den Reisenden und Pilgern gefürchtet war. Ob diese trotz der lauernden Gefahren noch die Gelassenheit hatten, auf die Schönheit dieses Landstrichs zu achten?

Das Dorf El Acebo liegt beim Abstieg der Berge von León kurz vor Ponferrada. Das Ensemble besticht durch die schlichten, aus Naturstein (Granit) gestalteten Häuser und die schieferbedeckten Dächer.

zunehmende Beliebtheit erklären. Dabei scheint die Vielfalt der Möglichkeiten auch einem Zug der modernen Gesellschaften zu entsprechen, eine Pluralität der Motive und Anreize, die ständig in der Gefahr ist, beliebig zu werden.

Der Hunger, zu sich selbst zu finden, Energie aufzutanken, die Bedürfnisse nach Sinnstiftung und Religion in einer modernen Gesellschaft, die im Alltag diese Fragen an den Rand drängt, zeigen sich bei vielen Pilgern, wenn man sie nur genauer befragt. Insofern treffen jüngere Buchtitel wie „Weg der großen Sehnsucht" oder „Sehnsüchte" sicher die Befindlichkeiten, mit denen viele Pilger aufbrechen. Die vielfältigen Zugangsweisen auf dem Camino entsprechen offensichtlich mehr als andere Aktivitäten diesen Erwartungen, denn die Suche nach Sinn und nach Antworten auf Lebensfragen erfolgt in einem Umfeld mit weiteren Suchenden, aber auch dort, wo kulturelle Traditionen zugleich auf Schritt und Tritt lebendig sind. Beobachten läßt sich dies zum Beispiel in San Nicolás, bei Castrojeriz, am Ufer des Flusses Pisuerga, wo die italienische Jakobusbruderschaft ein Pilgerhospiz in den Mauern eines alten Sakralgebäudes hergerichtet hat. Dies gilt aber auch in Compostela, wo sich für viele Sehnsüchte und Hoffnungen bündeln, wenn sie wie Generationen vor ihnen die Apostelstatue umarmen und dem Heiligen das, was sie an Sorgen über Kilometer mitgeschleppt haben, übereignen, oder wenn sie einer Messe beiwohnen, bei der das riesige Weihrauchfaß (botafumeiro) von einem halben Dutzend Männern über ein Seilsystem gezogen durch das gesamte Querhaus schwingt.

Worin aber liegt die spirituelle Bedeutung des Weges? Nur individuelle Aussagen können hier Eindrücke schaffen. Wolfgang Dannhäuser formuliert seine persönliche Erfahrung in Compostela folgendermaßen:

„Gleichgültig aber lässt dieser Weg niemanden, der eine Seele hat. Verändert er auch mich, hat er mich schon verändert? Ich weiß es nicht. Mein Körper ist zwar hier angekommen, aber meine Seele wird noch lange unterwegs sein. Erfahren habe ich dennoch schon, dass viele Zwänge, in die wir eingekerkert sind, in die wir uns haben einkerkern lassen, unwichtig, ohne wirkliche Bedeutung sind. (...) Sicher bin ich aber auch, dass ich jetzt besser werde unterscheiden können, was wichtig und was weniger wichtig und was ganz unwichtig ist. Diese Kraft wird eine Quelle meiner inneren Ruhe sein, wird mich erfrischen wie das klare Wasser aus den Brunnen am Weg, wie die Geborgen-

heit, die ich in einfachen Herbergen, in der Gemeinschaft mit so vielen Menschen aus so vielen Ländern und Kulturen erfahren habe. Ja, dieser einsame Weg war ein großes, war ein großartiges, ein nachhaltiges Erlebnis, war vor allem ein Weg zu mir selbst.
Im abendlichen Dämmerlicht der großen Kathedrale knien nur noch wenige Menschen, vertieft in ihr Gebet. Ich beneide sie um ihre Fähigkeit zur Hingabe. Bin auch ich Gott näher gekommen? Ich habe kein Erweckungserlebnis gehabt. Ich bin kein frommer Mensch, ich bin ein Kind der Aufklärung. So werde ich auch vom klaren, aber auch gleißenden Licht der Aufklärung geblendet, kann nicht erkennen, was jenseits dieses Lichts, in der scheinbaren Dunkelheit sein könnte. (...)
In uns allen, in allen Menschen, gibt es tief im Innern eine Stimme, die über den Staub hinauszeigen will. Diese Stimme ist auf diesem einsamen Weg vernehmbarer geworden, hat meine Zweifel zurückgedrängt, meine Zuversicht gestärkt. Dennoch wünsche ich mir, dass diese Stimme niemals so laut wird, dass ich in Versuchung kommen könnte, ihre Melodie in ein Bild von Gott umzusetzen. Es wäre ein menschliches Bild, aber auch ein falsches, ein zu enges Bild."(Dannhäuser, S. 204 f.).
Viele weitere Stimmen ließen sich dieser hinzufügen, fromme und gläubige, skeptische, zweifelnde und ablehnende. Und dennoch sind sie alle auf demselben Weg, berichten fast immer positiv von ihren Erfahrungen. Die inzwischen internationale Zusammensetzung und die Vielfalt der Fragen und Zugangsweisen machen auch fast jeden Wanderer auf diesem Weg zum Pilger, denn die meisten sind Suchende und Fremde im oben erläuterten Sinne des Wortes. Auch deshalb ist der Jakobsweg kaum mit einem noch so schön gestalteten Wanderweg vergleichbar, weil hier eine – wie auch immer geartete – innere Erwartungshaltung das Fortgehen mitgestaltet. Pilgern bedeutet dann, wie Edmond René Labande es einmal ausgedrückt hat, „mit den Füßen beten".
Dieser innere Weg scheint jedoch an den äußeren gebunden. Zu den faszinierenden Aspekten, die heute Pilger auf den Weg nach Santiago locken, gehören sicher auch die hier im Bild dokumentierten noch sichtbaren Zeugnisse, das Erlebnis einer abwechslungsreichen, geschichtsträchtigen Landschaft sowie die Erklärungen, die auch die Steine der Kirchen in ihrer Bilder- und Symbolsprache bis heute für alle Suchenden bereithalten.

In der Nähe von Carrión de los Condes zieht sich der Pilgerweg kilometerlang durch die schier endlos scheinende Meseta – eine Landschaft, die zur Kontemplation anregt.

Botafumeiro
So wird der zentnerschwere Weihrauchkessel genannt, der in der Kathedrale von Santiago de Compostela vom Deckengewölbe der Vierung an einem dicken Seil herabhängt. Für viele Besucher ist es ein Spektakel, wenn er an Festtagen oder zu besonderen Anlässen in Gang gesetzt wird: Eine Gruppe kräftiger Männer zieht ihn hoch und läßt den Weihrauchduft verströmenden Räucherkessel durch das Querschiff über den Köpfen der Gläubigen schwingen. Die Zeremonie ist so alt wie die Kathedrale selbst und wird schon im Jakobsbuch aus dem 14. Jahrhundert erwähnt.

Heiliges Jahr
Immer wenn der Namenstag des heiligen Jakobus, der 25. Juli, auf einen Sonntag fällt, feiert man ein sogenanntes Heiliges Jahr. Dann erwartet Santiago de Compostela einen besonderen Ansturm an Gästen und Pilgern aus aller Welt.

Informationen
Informationen zu Pilgerfahrten heute bietet in Deutschland vor allem die Deutsche St. Jakobus-Gesellschaft (Deutsche St. Jakobus-Gesellschaft e.V., Tempelhofer Straße 21, 52068 Aachen).

Jakob/Jakobus
Der Apostel Jakobus der Ältere war Sohn des galiläischen Fischers Zebedäus und Bruder des Evangelisten Johannes. Der Überlieferung zufolge soll er nach Jesu Tod die Meere überquert haben, um in Spanien die neue Religion zu lehren. Nach seiner Rückkehr ins Heilige Land erlitt er unter König Herodes Agrippa I. 44 n. Chr. den Märtyrertod und wurde damit zu einem der ersten Opfer der Christenverfolgung.
Nachdem sein Kult in Spanien immer wichtiger wurde, taucht sein Name an den verschiedensten Stellen auf, so zum Beispiel als Bezeichnung von Orten St. Jakob, Santiago, St. Jacques. Die Redensart „Das ist nicht der wahre Jakob“ geht vermutlich darauf zurück, dass man seit dem späten Mittelalter zuweilen den Pilgern auch Jakobusreliquien an anderen Orten zeigte. Weiterhin bietet das Grimm'sche Wörterbuch eine Fülle von Redensarten und Bezeichnungen, die sich auf den Apostel und seinen Kult teilweise zurückführen lassen. In Köln heißen Kellner beispielsweise auch „Köbes“, was sich von Jakob herleitet.

Jakobswege
Der Jakobsweg durch das nördliche Spanien – aufgrund der großen Zahl französischer Pilger und der zahlreichen französischen Hospize, die an dieser Strecke lagen, auch als Camino francés bezeichnet – folgt im wesentlichen einer alten Römerstraße. Neben dieser Route existierten in Spanien jedoch auch weitere Wegführungen, so durch das asturische Bergland oder von Süden über Astorga nach Compostela (Silberstraße).
Seit dem Pilgerführer des 12. Jahrhunderts werden gemeinhin vier große Pilgerwege durch Frankreich angenommen, die ihren Ausgangspunkt in Tours, Vézelay, Le Puy sowie Arles hatten. Im spanischen Puente la Reina liefen die Routen zusammen, um in einem Strang über Burgos, León und Astorga nach Santiago de Compostela zu führen. Für die Überquerung des Pyrenäengebirges benutzten die Pilger vornehmlich die Pässe von Roncesvalles und Somport. Auch heute noch wird von vielen Fußpilgern vor allem die Route über den Paß von Roncesvalles bevorzugt. Wer seinen Weg hier beginnt, muß bis Santiago de Compostela eine Strecke von rund 740 Kilometer Länge zurücklegen. Vom Somport-Paß sind es etwa 100 Kilometer mehr. Gut trainierte Wanderer, die pro Tag 30 Kilometer schaffen, könnten sie in knapp einem Monat bewältigen.
Die Wegmarkierung des spanischen Jakobswegs unter Verwendung der Darstellung des Muschelsymbols, gelber Pfeile und mitunter auch des Europaschilds ist lückenlos und leicht erkennbar.
Seit dem ersten deutschen Pilgerführer von 1495 unterscheidet man außerdem eine Ober- und Niederstraße, die Hermann Künig von Vach, der Autor dieses Büchleins, in Einsiedeln bzw. Aachen beginnen läßt. Weitere Jakobswege werden zwar immer wieder genannt, die angenommenen Strecken basieren aber in der Regel darauf, daß mittelalterliche Fernstraßen oder andere Wegführungen nachvollzogen werden.

Pilger
Abgeleitet vom lateinischen *peregrinus* (im Kirchenlatein *pelegrinus*) bedeutet das Wort fremd oder Fremdling. Verwandt damit ist die als Teil der traditionellen Pilgerbekleidung bekannte Pelerine.

Pilgerausrüstung
Die Ausrüstung und Kleidung der Pilger kennen wir aus Darstellungen sowie aus Beschreibungen. Der mittelalterliche Pilger trug in der Regel einen Reisemantel, die sogenannte Pelerine, einen breitkrempigen Hut, gute Schuhe und führte eine Tasche sowie einen Stab mit sich. Stab und Tasche wurden vor dem Aufbruch der Pilger gesegnet. Wenn auch heute die Pelerine einer funktionalen Wanderkleidung gewichen ist, die Kalebasse durch Alu-Flaschen und der kräftige Pilgerstab aus Weidenholz oder Hasel durch einen schlanken Teleskopstock abgelöst wurden, so schmückt sich der moderne Pilger doch immer noch gerne mit der sogenannten Jakobsmuschel.

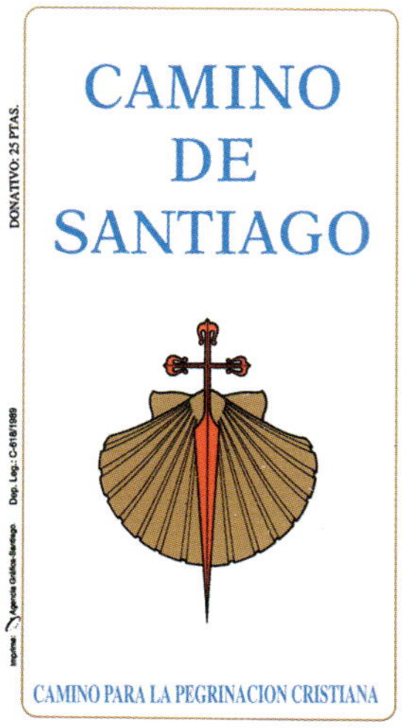

Pilgerausweis/Pilgerbestätigung
Im Mittelalter galt die Pilgermuschel oftmals als Bestätigung der vollzogenen Jakobuspilgerfahrt. Erst in späterer Zeit wurde auch schriftlich der Besuch in Santiago de Compostela durch eine Urkunde belegt. In den letzten Jahrzehnten hat sich dieser Brauch der Bestätigung wieder eingebürgert, und alle Pilger, die mindestens 100 Kilometer zu Fuß oder 200 Kilometer mit dem Rad oder zu Pferd auf dem Jakobsweg zurücklegen, können in Santiago de Compostela im Pilgerbüro (Casa do Deán, Ecke Rúa do Vilar/Rúa de Xelmírez) die „Compostela“ erhalten. Pilgerausweise werden seit einigen Jahren vor allem von der Deutschen St. Jakobusgesellschaft und einigen weiteren Jakobusvereinigungen ausgegeben, damit Pilger durch Stempel nachweisen können, daß sie diese Strecken auch wirklich zurückgelegt haben; ohne diesen Nachweis gibt es keine Pilgerurkunde.

Pilgerführer, mittelalterlicher
Der bekannteste Pilgerführer des Mittelalters ist wahrscheinlich die Beschreibung, die im sogenannten *Liber Sancti Jacobi* (Jakobsbuch, 12. Jh.) enthalten ist. Dieses Buch nennt die Wegführungen, empfiehlt gute und schlechte Wasser, beschreibt die Völker am Wege, nennt Heiligtümer unterwegs und enthält ein großes Kapitel über den Ort Santiago de Compostela und die Kathedralkirche selbst. Als Autor wird oftmals Aymeric Picaud angenommen, jedoch ist dies nicht sicher. Man kann nur aus einigen Kapiteln folgern, daß der Autor sicherlich mit den Verhältnissen in Frankreich zumindest gut vertraut gewesen sein muß. Der wichtigste deutsche Pilgerführer stammt von dem Servitenmönch Hermann Künig von Vach. Er wurde 1495 erstmals gedruckt. Weitere Auflagen folgten im 16. Jahrhundert.

Pilgerherbergen
Seit dem 12. Jahrhundert nächtigten Pilger zunehmend nicht nur in Klöstern und geistlichen Einrichtungen, sondern auch in speziellen Herbergen. Zahlreiche Pilgerberichte künden davon, was den Pilger dort alles erwarten konnte. Seit den 80er Jahren des 20. Jahrhunderts sind in großem Maße wieder Herbergen eröffnet worden, die den Pilgern gegen ein geringes Entgelt zur Verfügung stehen – allerdings nur solchen, die zu Fuß, mit dem Fahrrad oder zu Pferde unterwegs sind; bei Engpässen im Übernachtungsangebot genießen Wanderer Priorität. Manche der Unterkünfte haben sich aber auf großen Andrang eingestellt; so etwa bietet die Herberge auf dem Monte do Gozo in Santiago de Compostela 800 Übernachtungsplätze an. Aber auch in Hotels der gehobenen Klasse entlang dem Jakobsweg sind wandernde Pilger willkommene Gäste, waren doch einige von ihnen ursprünglich ganz speziell als Pilgerherberge und -hospiz bestimmt. So etwa ist das von den Katholischen Königen als Hospiz zur Aufnahme und Pflege der Pilger gegründete „Hostal de los Reyes Católicos“ in Santiago de Compostela mittlerweile ein mit fünf Sternen ausgewiesenes Parador-Hotel. Ebenso verbirgt sich hinter dem zu Beginn des 16. Jh. den Santiago-Rittern gestiftete Kloster San Marcos in León, in dem einstmals auch ein Pilgerhospiz untergebracht war, heute ein Fünf-Sterne-Parador.

Pilgermuschel
Die gewölbte Klappe der Kammuschel diente – soweit bekannt – seit dem 12. Jahrhundert als Pilgerzeichen der Wallfahrt zum Grab des heiligen Jakobus. Sie wurde in Santiago de Compostela an die Pilger verkauft und war dort eine wichtige Einnahmequelle. Wahrscheinlich wurde sie deshalb eingeführt, weil die Pilgerfahrt nach Santiago de Compostela auch in einer gewissen Konkurrenz zu derjenigen nach Jerusalem stand. Die Jerusalempilger brachten meist Palmen als Zeichen ihrer Pilgerfahrt mit nach Hause. Zur Herkunft der Muschel als Kennzeichen der Santiago-Pilger gibt es keine gesicherten Erkenntnisse, dafür aber eine schöne Legende aus dem 16. Jahrhundert: Bei einem Kampf gegen die Mauren mußte der Ritter Pimentel durch einen Meeresarm schwimmen. Als er aus dem Wasser stieg, war sein Körper vollständig mit Muscheln bedeckt.
Auch symbolische Deutungen, die Muschel als Darstellung einer Hand mit fünf Fingern, oder funktionale Erklärungen, Schöpfen von Wasser u. ä., sind verbreitet, bleiben aber nur Näherungsversuche. Noch heute ist die Jakobsmuschel als Pilgerzeichen und Souvenir sehr beliebt; man kann sie vielerorts entlang dem Jakobsweg in den Andenkenläden kaufen.

Pilgerritual
Am Hauptportal der Kathedrale in Santiago de Compostela, am Pórtico de la Gloria, steht eine Marmorsäule mit tiefen Fingerabdrücken, die im Verlauf der vergangenen tausend Jahre von vielen Millionen Pilgerhänden geschaffen wurden. Auch heute noch legen die Besucher, bevor sie die Kirche betreten, ihre Hand in diese Vertiefung. Höhepunkt und klassische Form des Pilgerrituals aber bildet die Umarmung der Apostelstatue, die über dem Hauptaltar thront. Über eine kleine Treppe steigt man von hinten zu ihr empor und legt die Arme um die mit einem juwelenbesetzten Metallmantel verhüllten Schultern. Ein weiteres Ritual ist das Betreten der Kathedrale durch die Puerta Santa, die Heilige Pforte, die nur in besonderen Jahren (siehe Heiliges Jahr) geöffnet ist.

Santiago de Compostela
Der Name Santiago leitet sich vom Apostel Jakobus her: Sant-Jago. Compostela ist wohl etymologisch nicht als „Campus stellarum“ (Sternenfeld) zu interpretieren, sondern eher als „Compostum“ (Begräbnisstätte).

Santiago Matamoros
Mit diesem Begriff bezeichnet man in Spanien das Bild des heiligen Jakobus als Maurentöter (Matamoros). Diese Zuschreibung setzte sich zunehmend ab dem 13. Jahrhundert durch, bildlich vor allen Dingen ab dem 15. Jahrhundert. Ein Export dieser kriegerischen Aufgaben des Apostels fand beispielsweise nach Lateinamerika statt (Mata indios, Töter der Indios).